IDEALCOOLISMO
Um olhar psicanalítico sobre o alcoolismo

COLEÇÃO "CLÍNICA PSICANALÍTICA"
TÍTULOS PUBLICADOS

1. Perversão — Flávio Carvalho Ferraz
2. Psicossomática — Rubens Marcelo Volich
3. Emergências Psiquiátricas — Alexandra Sterian
4. Borderline — Mauro Hegenberg
5. Depressão — Daniel Delouya
6. Paranoia — Renata Udler Cromberg
7. Psicopatia — Sidney Kiyoshi Shine
8. Problemáticas da Identidade Sexual — José Carlos Garcia
9. Anomia — Marilucia Melo Meireles
10. Distúrbios do Sono — Nayra Cesaro Penha Ganhito
11. Neurose Traumática — Myriam Uchitel
12. Autismo — Ana Elizabeth Cavalcanti / Paulina Schmidtbauer Rocha
13. Esquizofrenia — Alexandra Sterian
14. Morte — Maria Elisa Pessoa Labaki
15. Cena Incestuosa — Renata Udler Cromberg
16. Fobia — Aline Camargo Gurfinkel
17. Estresse — Maria Auxiliadora de A. C. Arantes / Maria José Femenias Vieira
18. Normopatia — Flávio Carvalho Ferraz
19. Hipocondria — Rubens Marcelo Volich
20. Epistemopatia — Daniel Delouya
21. Tatuagem e Marcas Corporais — Ana Costa
22. Corpo — Maria Helena Fernandes
23. Adoção — Gina Khafif Levinzon
24. Transtornos da Excreção — Marcia Porto Ferreira
25. Psicoterapia Breve — Mauro Hegenberg
26. Infertilidade e Reprodução Assistida — Marina Ribeiro
27. Histeria — Silvia Leonor Alonso / Mario Pablo Fuks
28. Ressentimento — Maria Rita Kehl
29. Demências — Delia Catullo Goldfarb
30. Violência — Maria Laurinda Ribeiro de Souza
31. Clínica da Exclusão — Maria Cristina Poli
32. Disfunções Sexuais — Cassandra Pereira França
33. Tempo e Ato na Perversão — Flávio Carvalho Ferraz
34. Transtornos Alimentares — Maria Helena Fernandes

35. Psicoterapia de Casal	Purificacion Barcia Gomes e Ieda Porchat
36. Consultas Terapêuticas	Maria Ivone Accioly Lins
37. Neurose Obsessiva	Rubia Delorenzo
38. Adolescência	Tiago Corbisier Matheus
39. Complexo de Édipo	Nora B. Susmanscky de Miguelez
40. Trama do Olhar	Edilene Freire de Queiroz
41. Desafios para a Técnica Psicanalítica	José Carlos Garcia
42. Linguagens e Pensamento	Nelson da Silva Junior
43. Término de Análise	Yeda Alcide Saigh
44. Problemas de Linguagem	Maria Laura Wey Märtz
45. Desamparo	Lucianne Sant'Anna de Menezes
46. Transexualismo	Paulo Roberto Ceccarelli
47. Narcisismo e Vínculos	Lucía Barbero Fuks
48. Psicanálise da Família	Belinda Mandelbaum
49. Clínica do Trabalho	Soraya Rodrigues Martins
50. Transtornos de Pânico	Luciana Oliveira dos Santos
51. Escritos Metapsicológicos e Clínicos	Ana Maria Sigal
52. Famílias Monoparentais	Lisette Weissmann
53. Neurose e Não Neurose	Marion Minerbo
54. Amor e Fidelidade	Gisela Haddad
55. Acontecimento e Linguagem	Alcimar Alves de Souza Lima
56. Imitação	Paulo de Carvalho Ribeiro
57. O tempo, a escuta, o feminino	Silvia Leonor Alonso
58. Crise Pseudoepiléptica	Berta Hoffmann Azevedo
59. Violência e Masculinidade	Susana Muszkat
60. Entrevistas Preliminares em Psicanálise	Fernando José Barbosa Rocha
61. Ensaios Psicanalíticos	Flávio Carvalho Ferraz
62. Adicções	Decio Gurfinkel
63. Incestualidade	Sonia Thorstensen
64. Saúde do Trabalhador	Carla Júlia Segre Faiman
65. Transferência e Contratransferência	Marion Minerbo
66. Idealcoolismo	Antònio Alves Xavier Emir Tomazelli

Coleção Clínica Psicanalítica
Dirigida por Flávio Carvalho Ferraz

IDEALCOOLISMO
Um olhar psicanalítico sobre o alcoolismo

Antonio Alves Xavier
Emir Tomazelli

© 2012 Casapsi Livraria e Editora Ltda.
É proibida a reprodução total ou parcial desta publicação, para qualquer finalidade, sem autorização por escrito dos editores.

1ª Edição 2012
Diretor Geral Ingo Bernd Güntert
Publisher Marcio Coelho
Coordenadora Editorial Luciana Vaz Cameira
Diagramação Carla Vogel
Revisão Flavia Okumura Bortolon
Projeto Gráfico da Capa Yvoty Macambira

Dados Internacionais de Catalogação na Publicação (CIP)
Angélica Ilacqua CRB-8/7057

Xavier, Antônio Alves
    Idealcoolismo : um olhar psicanalítico sobre o alcoolismo / Antônio Alves Xavier, Emir Tomazelli. - São Paulo : Casa do Psicólogo, 2012. - (Coleção clínica psicanalítica / dirigida por Flávio Carvalho Ferraz).

ISBN 978-85-8040-141-7

1. Alcoolismo 2. Alcoolismo – psicologia 3. Idealcoolismo
I. Título II. Ferraz, Flávio Carvalho III. Tomazelli, Emir
IV. Série

12-0281   CDD 616.861

Índices para catálogo sistemático:
1. Alcoolismo – psicologia

Impresso no Brasil
Printed in Brazil

As opiniões expressas neste livro, bem como seu conteúdo, são de responsabilidade de seus autores, não necessariamente correspondendo ao ponto de vista da editora.

Reservados todos os direitos de publicação em língua portuguesa à

Casapsi Livraria e Editora Ltda.
Rua Simão Álvares, 1020
Pinheiros • CEP 05417-020
São Paulo/SP – Brasil
Tel. Fax: (11) 3034-3600
www.casadopsicologo.com.br

Dedicatória

Este livro é dedicado inicialmente aos alcoólicos, que proporcionaram o registro de seus contundentes depoimentos de vida, sem os quais teria sido impossível construir essa nova compreensão psicanalítica do alcoolismo.

É oferecido, também, aos alcoólatras espalhados pelo mundo, que ainda sofrem por não saberem, ou por não terem tido a oportunidade de aprender, que há, na humanização, uma saída para as profundas angústias advindas de sua *idealcoolatria*.

Finalmente, é dedicado aos profissionais que se ocupam da difícil tarefa de compreensão e tratamento do alcoolismo e a todos que, direta ou indiretamente, têm interesse em desenvolver, um pouco por dia, sua humanização.

E o que o ser humano mais
aspira é tornar-se humano.

Clarice Lispector

Sumário

Dedicatória 7

Apresentação 13

1 - O tratamento do *idealcoolista*: caso clínico 25
    O início do tratamento e o choque de humanidade 25
    Primeira grave recaída 32
    Segunda grave recaída 36
    Terceira grave recaída 47
    Sinais de recuperação 59
    Conclusão 69
    Atualização 70

2 - O alcoolismo e os processos de humanização *versus*
    inumanização...71

3 - A necessidade de fuga da condição humana
    e o alcoolismo como uma religião degradada:
    afinal, o que é o alcoolismo?..87

4 - O alcoolismo como um sistema de busca religiosa do ideal:
    a ausência de pai e a necessidade de um pai poderoso 103

5 - O ÁLCOOL: CORPO INCORPORAL – SUBSTÂNCIA IDEAL 111

6 - O CONCEITO DE ESTADO PSÍQUICO, O OBJETIVO DA CONSTRUÇÃO DO IDEAL MENTAL COMO UMA META DESUMANA E A IMPORTÂNCIA DESTE ACHADO NA QUESTÃO DA NOMENCLATURA: SÓ ALCOOLISMO É SUFICIENTE? 123

7 - O PROCESSO DE INSTAURAÇÃO E RECUPERAÇÃO DO *IDEALCOOLISMO*... 139

8 - O *IDEALCOOLISMO* E SUA RELAÇÃO COM O VÍNCULO PRIMÁRIO DO BEBÊ COM A MÃE 145

9 - O *IDEALCOOLISMO* COMO UM SISTEMA DE ESTREITEZA MENTAL: UMA ORGANIZAÇÃO PATOLÓGICA 157

10 - O *IDEALCOOLISMO* E OS MASOQUISMOS MORTÍFERO E MORAL 167

11 - RANCOR, RESSENTIMENTO E VINGANÇA: TRAÇOS PSICOLÓGICOS CARACTERÍSTICOS DO *IDEALCOOLISMO* 197

12 - O TRATAMENTO DO *IDEALCOOLISTA* – UMA VISÃO PSICANALÍTICA SOBRE OS DOZE PASSOS DE AA 209

13 - O TRATAMENTO DO *IDEALCOOLISTA* – O CHOQUE DE HUMANIDADE ('CHUM') 225

REFERÊNCIAS BIBLIOGRÁFICAS 241

APÊNDICE I - O PEQUENO GRANDE GUIA DO *IDEALCOOLISMO* 247

APÊNDICE II - DEPOIMENTOS DE *IDEALCOOLISTAS* EM TRATAMENTO (RECUPERAÇÃO) 269

O *idealcoolismo* como um estado mental e o mal-estar
na cultura...269

O *idealcoolismo* como uma religião degradada: a religião do
alcoólatra; o deus álcool, corpo incorporal – substância ideal....271

As práticas religiosas e o álcool podem se misturar e derivar
para medidas paliativas contra a angústia da condição humana;
alcoolismo e desumanização..272

A importância do masoquismo erógeno como a
principal fonte geradora do *idealcoolismo*.................................274

O alcoolismo como refúgio da condição humana no abrigo
idealizado da organização patológica, alimentada pelos efeitos
psicossomáticos do álcool..275

O *idealcoolismo* e sua afinidade com uma relação
perturbada mãe/bebê..277

Rancor, ressentimento e vingança: traços psicológicos
característicos do alcoolismo...278

O conceito de choque de humanidade ('chum')
e o tratamento do alcoólatra...280

A questão da nomenclatura: só alcoolismo é suficiente?...........281

Apresentação

Estudamos e pesquisamos a doença do alcoolismo há alguns anos, tentando conhecer psicanaliticamente as razões que levam certos indivíduos a desenvolver uma peculiar intensidade e um apego marcadamente severo na sua relação com a bebida alcoólica, colocando-a em primeiro lugar em suas vidas.

Ao longo desse trabalho, notamos a falta de clareza e abrangência em muitas explicações teóricas sobre essa patologia, insuficiência de produtividade nas práticas clínicas que vêm sendo empregadas e uma frequente manifestação de desânimo em grande número daqueles que, como nós, tentam compreendê-la.

No que diz respeito ao campo psicanalítico, parece-nos que os profissionais de áreas afins e mesmo em nossa área, em geral, mostram-se reticentes quanto às possibilidades do uso dos conhecimentos teóricos e das práticas clínicas oferecidas pela psicanálise na compreensão e no tratamento dos alcoólatras e drogados.

Sérgio de Paula Ramos (2004), psicanalista da Sociedade Brasileira de Psicanálise de Porto Alegre, cita Freud em carta dirigida a Ferenczi, datada de 1916: "[...] os viciados não se prestam ao tratamento psicanalítico. Frente à menor frustração, retomam o uso da droga e abandonam o tratamento".

E, na sequência de seu artigo, escreve:

> "Talvez porque temos motivos para até hoje concordar com Freud, a literatura psicanalítica pouco se tem ocupado dos dependentes químicos. Se formos avaliar, por exemplo, o conteúdo do *Internacional Journal of Psychoanalysis*, serão encontrados apenas dois trabalhos sobre o assunto nos últimos 34 anos: o de Hoper, em 1995, e, mais recentemente, o de Pinheiro, 2001. Apenas dois, desde que Limentani, em 1968, publicou sua contribuição ao tema. Contrastando com essa rarefação está a clínica psicanalítica, em que pacientes envolvidos com o consumo de drogas são cada vez mais frequentes".

Entretanto, deixamos de lado as reticências e, mesmo tendo de lidar com o desânimo que, algumas vezes, teimava em assolar-nos, pudemos desenvolver, com persistência e dedicação, novos entendimentos psicanalíticos no campo tão difícil e multifacetado do alcoolismo e da drogadicção.

Para isso, contamos com a experiência clínica no atendimento de *idealcoolistas*, e por dispormos do olhar e da escuta psicanalíticos também extraímos diversos ensinamentos da e na coleta de mais de cinco mil depoimentos junto a alcoólicos de diferentes procedências, sobre os quais dedicamos um atencioso estudo à luz desta mesma teoria.

Até agora, o uso abusivo do álcool, tanto quanto o de drogas, vem sendo prioritariamente examinado sob um ângulo muito útil que privilegia aspectos biologicistas e medicinais, tendo prestado serviços inestimáveis, mas que restringem o problema, por desconsiderar ou não aprofundar a dimensão psíquica e cultural do alcoolismo.

Sabemos, ainda, que uma das formas de alguém não resolver um problema é criar um conflito entre duas ou mais maneiras de pensá-lo. Deixamos claro não ser essa nossa intenção.

Não se trata, aqui, de opormos o biológico ao psicológico, e sim de trabalharmos com a unidade "psique-soma", sem desconsiderar nenhum de seus aspectos, tentando inserí-la no contexto histórico e sociocultural, no qual o indivíduo localiza--se e onde ele pratica sua patologia.

Pensamos que não há, primariamente, uma dependência química, e sim o uso de um agente químico fortemente impregnado de fatores psicológicos e socioculturais. O indivíduo serve-se dos efeitos tóxicos do agente químico com a intenção de atingir um determinado estado que não é apenas reflexo biológico.

Nossa ênfase recai, principalmente, sobre o uso psicorreligioso que uma pessoa pode fazer dos efeitos psicossomáticos do álcool e da droga, atribuindo lhes um caráter divino com o qual se identificam; sabemos, no entanto, não serem poucos aqueles que necessitam coligar-se a algum deus para se "co-ligar". Observe-se, além disso, não ser qualquer aditivo exo-tóxico que oferece um acesso tão adequado ao divino como o deus

"Al-kohol", uma entidade que apenas deve ser bebida para trazer estados de ilusão onde prevalecem a transcendência, o alívio, o conforto, o perdão sem esforço nem luta e prazeres do tipo psicótico ilimitados, sem nada exigir do indivíduo, a não ser sua fidelidade e sua assiduidade, constituindo um lema: "Alcool acima de tudo!".

Nessa altura, várias indagações podem ser formuladas:

- Como se explica alguém ter necessidades e satisfações tão especiais com o uso do álcool?
- De onde deriva prazer tão intenso? Do organismo? Do psíquico? Ou de ambos?
- Uma vez que as pesquisas médicas e farmacológicas muito nos têm ensinado, o que a história, a sociedade e a cultura também nos podem ensinar?
- Uma vez alcoólatra, sempre alcoólatra?
- Como é ser psicanalista (ou terapeuta) de um alcoólatra?

Esses são alguns pontos que têm tido significativa importância em nossas pesquisas, e procuraremos refletir ao longo desta obra sobre as conclusões a que chegamos.

Desde o início, constatamos que o uso constante e abusivo do álcool é uma tentativa do sujeito transformar-se no farmacêutico de si mesmo e alcançar, por meio do perfeito (e arrogante) ajuste "al-químico" de si, um refazimento de si onipotentemente inumano. Com tal ajuste, ele acaba depositando, no controle do álcool, sua verdadeira (neo)gênese.

É por meio deste estado neogenético onipotente de construção de si mesmo com o álcool, que ganha vida após a ingestão da dose diária (do ajuste que faz com que se repita, dia após dia, um novo começo dependente do primeiro gole, e não do simples despertar), que o tempo das consequências é destruído. Não há mais um dia após o outro, mas, sim, aquele dia depois do álcool. Ou seja, todo dia é um novo dia para que o alcoólatra confirme para si próprio sua potência de fazer-se novamente inumano com o álcool, e a "futilidade" de relacionar-se com o dia anterior ou com o posterior.

É nessa direção que o trabalho mental do alcoólatra visa à construção de um tipo de ideal, que opera no sentido de evitar a aquisição de consciência da história de sua própria humanidade, valendo-se, para tal, da transcendência alcoólatra. Não nos esqueçamos, porém, de que há uma enorme diferença entre uma mentalidade construída ao redor do narcisismo, de outra, que se faz em torno da subjetividade.

Tentaremos esclarecer que há uma divergência entre "fazer-se ser", com o uso de um modelo heterônomo (narcísico), isto é, "mantenho-me sob o controle do outro, aceitando que seu olhar recaia sobre mim, conduzindo minha vida pelos olhos dele, que agora são os meus"; e o modelo de "ser" (autônomo), que implica em um sujeito disposto a correr os riscos que cada novo dia propõe, com condições de relacioná-lo aos dias anteriores e posteriores.

Outrossim, queremos explicar que na vida dos homens há momentos em que se investe na construção de si como uma máquina imitativa; mas há outros nos quais isto se faz com vistas à construção do homem verdadeiro que é. São diferentes dimensões do que cada um de nós pode fazer consigo quando resolve ser a sua própria cura.

Os que, no entanto, escolhem o caminho que evita o contato com a verdade, optam pelo *idealcoolismo* como sua salvação, mergulhando fundo no mundo psicoquímico, na tentativa de livrar-se de si mesmos.

Acreditamos, entretanto, que mesmo para grande parte desses indivíduos, na medida em que o humano desenvolva-se prevalecendo sobre o inumano, a saída do *idealcoolismo* é encontrada quando se torna possível que o sujeito, ele mesmo, lute pela sua própria humanidade.

Foi o que aconteceu com Lázaro, cujo caso clínico foi escolhido por nós, entre outros, para explicitar o que estamos tentando relatar.

Uma descrição detalhada do trabalho psicanalítico realizado com ele será visto no capítulo 1 e o conflito entre humanidade e inumanidade, estudaremos, no capítulo 2, por considerá-los introdutórios de nossa questão.

Não menos importante que a compreensão do conflito humano *versus* inumano, e intimamente ligada a ele, abordamos a questão da religiosidade. Verificamos que a enigmática condição patológica do alcoólatra passa pelo significado etimológico inequívoco de adorador do álcool, e foi em Freud que encontramos os esclarecimentos teóricos necessários para a compreensão do alcoolismo como uma forma de religião degradada.

Construímos essa elucidação do caráter religioso do alcoolismo a partir dos textos "O futuro de uma ilusão" (1927) e "O mal-estar da civilização" (1930 [1929]), em que Freud assinala ser a proteção de um pai a necessidade infantil mais intensa, sugerindo que ela pode estar na origem das atitudes religiosas. Além disso, constatando o progresso tecnológico do homem de sua época, ele interpreta a criação do deus pelo homem como ideais culturais, no passado, e, tempos depois, a própria transformação de si em uma espécie de "prótese de deus". Essa inserção do alcoolismo no contexto histórico e sociocultural será discutida nos capítulos 3 e 4.

Sob tal ótica, parece-nos estar mais bem assentada uma abordagem psicanalítica da nossa temática, na qual os aspectos psicológicos e socioculturais possam concorrer para uma elucidação mais abrangente do problema do alcoolismo: é para isso que queremos chamar a atenção dos colegas psicanalistas que estudam o assunto e dos que trabalham nesse campo.

Note-se que, para as pessoas, em geral, a bebida alcoólica tem um uso recreativo, mas para o alcoólatra, ela transforma-se em corpo incorporal – substância ideal, que, ao ser misticamente comungado, leva-o a um estado divinal.

Pensamos ser essa divindade, substância ideal, criada por meio de uma fantasia inconsciente alquimista (*alqui/mística*) do alcoólatra, o núcleo de sua busca: o farmacêutico do psíquico, aquele que vai curar o ser humano do mal. Com isso, ele perverte o sentido religioso da crença humana, uma vez que não quer apenas a proteção de um deus onipotente, mas assumir, ele próprio, este papel, o que será visto no capítulo 5.

Fica claro que, quando estamos falando do alcoolismo em seus aspectos psíquicos, abordamos os estados mentais, e não outra coisa. Não estamos interessados em demarcar ou delinear uma estrutura alcoólatra. Para nós, a noção de "estado" é decisiva e mais fácil de ser apreendida por todos que trabalham com esses pacientes, pelos reflexos impostos à vida do indivíduo viciado em bebida alcoólica.

É evidente que o uso do álcool leva o indivíduo a vários estados segundo os graus de alcoolização e, dentre eles, o mais extremado é aquele no qual, alienando-se de si próprio, tenta o ideal de ser uma prótese de deus.

Em virtude disso, propomos uma mudança na palavra alcoolismo com o acréscimo de um prefixo: ideal. Acreditamos que o termo *idealcoolismo*, composto formado pelos termos "ideal" e "*alcoolismo*", nomeia com maior precisão a situação na qual o sujeito alcoólatra está envolvido e demarca mais claramente a finalidade religiosa que o uso do álcool tem, indicando os diferentes marcos dos quais decorrem os vários estados de fé (psicótica, sem dúvida) do indivíduo frente à alcoolização.

Utilizamos o termo *idealcoolismo* – e fazemos questão disto – por inserir o conceito de ideal na denominação da doença, o que a esclarece e a delimita em um campo específico de trabalho mental, e não apenas médico. Notamos haver a necessidade de designar essa patologia (e os seus estados parentes – alcoólicos, *idealcoolista* e alcoólatra) como circunstâncias do mesmo fenômeno e notar que são os instrumentos teóricos necessários para facilitar a compreensão do processo de instauração e recuperação do alcoolismo. Essas questões serão examinadas nos capítulos 6 e 7.

Como não poderia deixar de ser, a gênese do alcoolismo aponta para o problema de uma relação perturbada do bebê com sua mãe, ou mais especificamente, uma relação perturbada com o tipo de desejo que a mãe tem. Tal relação, além de outros elementos significativos, pode produzir uma intensificação das angústias iniciais, e privilegiar os meios de solução oral para as dificuldades que serão enfrentadas na vida humana, indicando a precocidade do sintoma e a época à qual ele remonta. A entidade "mãe" é determinante, porque se situa na intersecção da dimensão psicossomática da cria humana, bem como traduz e introduz a dimensão psíquica na sua criança. E já o faz agudizando o conflito original da humanidade *versus* inumanidade nele interferindo diretamente. O papel da relação mãe/bebê, na patologia que ora estudamos, justifica a apreciação em separado que será feita no capítulo 8.

A seguir, ampliando as investigações dos conteúdos e mecanismos próprios da construção mental patrocinada pelo uso pervertido do álcool, descrevemos uma organização patológica específica das defesas egoicas.

Compreendemos essa organização como a construção de uma cidadela, feita por estreiteza mental, alimentada pelo álcool e abraçada pelos mecanismos econômicos que desenvolvem os masoquismos, sobretudo o mortífero, no qual se constrói um refúgio assaz sedutor para as aflições e limitações do alcoólatra, pois o permite acreditar, delirantemente, ter controle sobre as suas punições. Para esse entendimento, foram fundamentais as formulações de Klein, Steiner e Brenman, como também as de Rosenberg, este último, mais precisamente, sobre a compreensão do masoquismo mortífero no qual o indivíduo privilegia o investimento libidinal na excitação produzida pelo álcool, em detrimento dos investimentos libidinais objetais, como será apresentado nos capítulos 9 e 10.

Antes de concluirmos, complementariamente, no capítulo 11, salientamos o rancor, o ressentimento e a vingança como os traços psicológicos mais característicos do *idealcoolismo*, muito relacionados à relação inicial mãe/bebê.

Para encerrar o livro, completamos nossa compreensão clínica sobre o alcoolismo, abordando ainda mais a crucial questão do tratamento clínico nos dois últimos capítulos.

Fazemos uma análise psicanalítica do programa de recuperação proposto por Alcoólicos Anônimos, no capítulo 12 e no último capítulo conceituamos o "choque de humanidade" ("chum") e sugerimos algumas de suas modalidades de aplicação, por acreditarmos que esse conceito pode ser uma inovação técnica eficaz na prática clínica. No "chum" os gestos são despretensiosos e simples, é apenas uma busca incansável por poder desenvolver junto com alguém, que não tem mente, a capacidade para que esse alguém tenha "mente própria".

No que se refere ao "chum", reforçamos o fato de tratar--se de uma busca e uma aposta na reativação dos traços que relembram que a fraternidade é um gesto possível, e que o caminho do homem não é mágico, e é feito das verdades mais banais do cotidiano, com as quais raramente o adicto ou o alcoólatra se relaciona ou observa. O "chum" nada mais é que a busca de um momento, de uma oportunidade (de um kairós) na qual alguém se torna apto a ouvir, de alguém comum, algo sobre a sua própria humanidade e, neste momento, pode ser, novamente, ou pela primeira vez um indivíduo capaz de cuidar de si, e não mais de querer que façam isto por ele.

Finalmente, no primeiro apêndice, respondemos algumas perguntas comuns sobre o alcoolismo, no que denominamos "Pequeno grande guia do idealcoolismo", enquanto, no segundo, oferecemos alguns exemplos de depoimentos de alcoólicos de diferentes procedências, que favoreceram a elaboração do livro. Os depoimentos registrados podem até ser considerados anedóticos, mas têm a capacidade de evocar e ilustrar, ao mesmo tempo, posturas de *idealcoolistas* realmente comuns.

1.

O TRATAMENTO DO *IDEALCOOLISTA*: CASO CLÍNICO[1]

O caso de *idealcoolismo* que vou relatar é de um analisando, alcunhado Lázaro, nascido em Belo Horizonte, na ocasião, com pouco mais de quarenta anos de idade. Tratava-se de um padre culto, com formação universitária em direito, filosofia, teologia e, do ponto de vista da carreira eclesiástica, muito bem posicionado em conceituada ordem da igreja católica.

O início do tratamento e o choque de humanidade

Bom dia, doutor. Acho que eu não tenho mais jeito. Estou no fim da picada, minha vida não tem mais sentido e eu não tenho mais valor algum. Existe uma coisa horrível dentro de mim [com gestos expressivos, apontou com a mão esquerda para seu tórax, indicando algo visceral vindo de dentro], *tenho um conflito e um sofrimento incrível.* (29 de maio de 2006)

---

[1] O trabalho psicanalítico realizado no caso clínico de Lázaro foi feito por Antonio Alves Xavier com a supervisão do Dr. Emir Tomazelli.

A terrível declaração foi feita pelo homem de boa estatura, quando entrou em meu consultório, falando baixo, em tom choroso, quase a murmurar, como se em confessionário. Entretanto dirigiu-me as palavras de maneira incisiva enquanto, com a ajuda do braço esquerdo, sustentava o direito, estendendo-me a mão paralisada que deste pendia, para cumprimentar-me.

Lázaro impressionou-me vivamente no primeiro contato, acompanhado de um parente. Sua fisionomia estava fortemente carregada, transparecendo expressão de profundo abatimento. Seu anúncio inicial dissimulou, na pronúncia, certo ar solene, que me fez sentir, em estado de relativa pequenez diante dele e da tarefa que se me apresentava. Como aquele homem religioso e bem preparado intelectualmente teria conciliado a prática religiosa com o alcoolismo? Quais suas motivações mais profundas, e o que realmente ansiava obter por meio dos efeitos psicossomáticos da ingestão de bebida alcoólica?

A conversa inicial favoreceu o surgimento dessas questões em minha mente, e tive a esperança de que, caso perdurasse ao menos algum tempo, meu trabalho psicanalítico traria algumas respostas.

Percebi que ele seria árduo e, ao mesmo tempo, porventura, uma peculiar oportunidade, em função da sua religiosidade e simultânea "alcoolatria", para ambos avançarmos no conhecimento de um mal que não só o atingia como também um significativo número de indivíduos. Tal pressentimento confirmou-se: dentre meus psicanalisandos *idealcoolistas*, ele foi o que me proporcionou as compreensões mais profundas sobre o alcoolismo, cujas conclusões fazem parte de meu relato e das quais já me aproveito dando a Lázaro a classificação diagnóstica de *idealcoolista*.

Interesso-me pelo alcoolismo há alguns anos, ao longo dos quais construí algumas noções que considero centrais:

- a peculiaridade no poder do apelo ao consumo do álcool, uma droga lícita e socialmente prestigiada, relativamente às outras drogas;
- a existência dos estados alcoólico/alcoólatra;
- a confusa nomenclatura do alcoolismo, que mereceria melhor definição.

Além dessas, outras noções, que poderiam aprimorar a compreensão psicanalítica dos motivos de certos indivíduos estabelecerem, com a bebida alcoólica, uma relação de intensidade característica, diferentemente da maioria.

Quais as motivações mais profundas que se desejam satisfazer por meio dos efeitos do álcool? Eis uma questão permanente, em cada atendimento realizado com os que abusam da bebida alcoólica. E, no caso do paciente abordado, qual a natureza de seus sentimentos esmagadores de culpa, autopunição e desalento, fartamente manifestados logo em seu primeiro contato?

Quando fui procurado por seus familiares[2] para o início do tratamento, Lázaro encontrava-se em uma difícil situação:

---

[2] Pensamos que, em se tratando do *idealcoolismo*, a maior dificuldade é a aceitação, pelo indivíduo, da existência de uma patologia psíquica em sua relação com a bebida alcoólica e, a partir daí, a tomada de iniciativas para um tratamento. A procura do consultório psicanalítico, geralmente, não é feita pelo sujeito alcoólatra. Se o *idealcoolista* o faz é por qualquer outro motivo que não o de ter estabelecido uma

havia sofrido um AVC há pouco mais de um ano e meio, tentava recuperar-se das sequelas que restaram em parte de seu corpo (que estava semiparalisado) e, embora sem comprometimentos na fala e nas funções mentais, estava bastante deprimido. Suas atividades profissionais estavam suspensas e o uso da bebida alcoólica em grande quantidade tornara-se muito frequente. Além dos problemas de saúde advindos da desmesura, suas constantes alcoolizações provocavam inúmeras confusões na família e na paróquia por qual era responsável.

Quarto filho de uma família com mais cinco irmãos (formado por três homens e duas mulheres), todos com nível universitário, a única manifestação menos sofrida, na entrevista inicial, foi um pálido brilho no olhar ao falar de sua mãe, que contou ter sido uma pioneira e uma das primeiras pedagogas com papel destacado em Minas Gerais.

O irmão mais velho apresentava dificuldades quanto à vida sexual e morreu assassinado, antes de completar trinta anos. Suas duas irmãs eram casadas e, dos outros irmãos, apenas um casara-se.

Contou que sua mãe sempre esteve muito presente em sua vida, tendo exercido influência decisiva na escolha pela vida religiosa. Seu pai era professor secundário, homem pouco presente na família e, embora muito severo, nunca funcionara

---

relação de grande intensidade e de cunho religioso e degradado com o álcool. No caso do tratamento de Lázaro, foi um parente que, ao marcar a primeira consulta, contou que ele fazia uso abusivo do álcool.

como referência familiar[3]. Quando entrou para o convento, com pouco mais de vinte anos, sequer se lembrou de contar ao pai, e ele tampouco lhe perguntou sobre sua opção.

Na posse desses dados, pouco antes do final da primeira entrevista, decidi apresentar-lhe claramente, como parte de um primeiro choque de humanidade[4], o diagnóstico: era um doente alcoólatra, tinha chegado a um estado de grave inumanidade, em função do uso frequente e intenso da bebida alcoólica, e, caso o processo não fosse interrompido, ao invés de curar-se de seus sofrimentos humanos, acabaria tendo-os ainda mais, comprometendo sua saúde física ou até morrendo.

Para concluir minha fala, afirmei que havia uma saída para seu doloroso estado e, de pronto, decidi ser o momento de tomar a responsabilidade pelo começo do tratamento; sem duvidar de meu gesto, passei a fazer o contrato de trabalho com ele, sem permitir brechas para contestações.

Apresentei-lhe, também, o trabalho analítico como uma possível solução[5]. Ressalto que, frequentemente, o contrato de

---

[3] Kalina e Kovadloff (1983, p. 55) consideram que: "A personalidade drogadictiva aparece num meio familiar que tem características próprias [...] são famílias que apresentam os seguintes traços típicos: a) ausência de um pai com a autoridade que proponha (e mantenha) valores precisos e consistentes; b) regras do jogo peculiares, em famílias que aparentam não contar com elas; c) sérias perturbações no emprego dos símbolos. Esta última característica relaciona-se com o que mencionamos sobre a avidez oral e a necessidade, nesses indivíduos, de acalmar instantaneamente seus desejos".

[4] A técnica foi detalhada no capítulo 13.

[5] Relembramos: "A partir do momento – escreve Freud – que os médicos reconheceram claramente a importância do *estado psíquico* na cura, tiveram a ideia de não mais deixar ao doente o cuidado de decidir sobre o grau de sua disponibilidade psíquica,

trabalho com o *idealcoolista* deve ser firmado com a participação de familiares, enquanto os cuidados com todos os pormenores do tratamento necessitam ser acordados com o próprio analisando, o que fiz com Lázaro.

Durante as primeiras sessões, a aproximação deu-se por meio do acolhimento e de abertas manifestações de interesse por sua condição pessoal[6] – aspectos nucleares do choque de humanidade, que devem perdurar por todo processo analítico. Nessa fase, ocupei-me da construção de uma aliança terapêutica[7] e de produzir, como parte integrante dela, um progressivo choque de humanidade com a construção do estado alcoólico em oposição ao estado alcoólatra[8].

Assim sendo, tateando em busca de uma posição favorável para o trabalho psicanalítico, segui as indicações de Knight

---

mas, ao contrário, de arrancar-lhe deliberadamente o *estado psíquico* favorável graças a meios apropriados. É com essa tentativa que se inicia o tratamento psíquico moderno" (apud Fédida, op. cit., p. 119, grifo nosso).

[6] "No momento em que o paciente procura a análise somos, portanto, confrontados com um problema complexo. Mas me parece que a tarefa clínica é capacitar o paciente a fazer uso de um mundo mais pleno, compreensivo e amoroso, que é a única experiência que pode resgatá-lo" (Brenan, 1985, p. 272).

[7] "A aliança terapêutica fundamenta-se no desejo consciente ou inconsciente do paciente de cooperar e na sua disposição de aceitar a ajuda do terapeuta na superação das dificuldades internas. Isso não é o mesmo que comparecer ao tratamento simplesmente com o motivo de obter prazer ou alguma outra forma de gratificação. Na aliança terapêutica existe uma aceitação da necessidade de enfrentar os problemas internos e de executar o trabalho analítico, apesar da resistência interna (especialmente no caso de crianças) ou externa (por exemplo, da família)" (Sandler, 1985, p. 27).

[8] "Não se trata tanto de curar, mas de produzir um novo estado mental (*alcoólico*) e de mantê-lo de modo autônomo para livrar do tormento lancinante da vida psíquica" (*de alcoólatra*) (Fédida, 2002, p. 113, grifo nosso).

(1936, p. 261), que compara o alcoólatra ao esquizofrênico, pois, em seu trabalho,

> ambos são sempre hipersensíveis a qualquer evidência de rejeição por parte do analista. Por essa razão, o analista deve ser muito mais ativo, não tomando nenhuma atitude de crítica ou de condenação do beber ou dos excessos que ocorram durante a análise. Admito ser muito útil para a aceitação da análise realizar muitas sessões analíticas amistosas, com o paciente sentado. Nessas ocasiões, pode-se estabelecer um relacionamento inicial, trazer-se muito material importante à tona e à percepção do paciente por um hábil interrogatório e, a seguir, gradativamente manobrá-lo em direção do divã, de maneira a prosseguir a análise,

embora não fosse de forma alguma minha preocupação se o analisando viria a se deitar no divã algum dia, ou não, inclusive pelas dificuldades corporais que possuía.

Ele estava sendo medicado por um psiquiatra e, como penso haver um componente orgânico na depressão do *idealcoolista*, após falarmos sobre isso e com sua autorização, entrei em contato com seu médico, com o qual conversei sobre o acompanhamento medicamentoso (ansiolítico e antidepressivo) que ministrava.

Sugeri a Lázaro também a frequência nos Alcoólicos Anônimos.

Primeira grave recaída

Logo aconteceu uma grave recaída na ingestão da bebida alcoólica, quando chegou a ingerir álcool puro, próprio para limpeza. Ao mesmo tempo em que senti, nisso, um ataque seu a mim e à análise, o fato trouxe-me várias outras hipóteses para melhor compreensão do que se passava.

Estas foram suas palavras no início da sessão, após a recaída:

Não passei bem desde a nossa última sessão de segunda-feira. Na própria segunda-feira, saí daqui bem e com uma certa excitação. Logo comecei a beber. Bebi na segunda-feira, terça-feira e quarta--feira. Foi assim: eu comecei a beber: fui bebendo a tarde toda até a noite, nestes três últimos dias. Não sei, parece que alguma coisa ia ser retirada de mim e eu tinha que me agarrar a ela com todas as minhas forças. Parece que é assim que eu sinto o álcool: como a tábua da salvação da minha vida. Eu gostaria de sair desta nossa sessão com a vontade de me libertar disso, mesmo! Eu já tive ocasiões em que havia um desejo meu de parar de beber, mas nem isso eu sinto hoje em dia. Parece que a minha vida está à beira da morte. Parece que eu busco o álcool como se estivesse buscando ser imortal e é uma grande força, meu Deus do céu, uma grande força! Como é que faz para, por conta própria, eu sair desta situação? Há algo que tire isso de minha vida? Buscar a morte para buscar a vida? Não entendo como é isso.

Segundo as hipóteses que levantei nessa ocasião, parece-ram-me evidentes que as funções da bebida alcoólica eram:

O aumento do nível de excitação: *Saí daqui bem e com uma certa excitação. Logo comecei a beber.* Apontava-se para uma formação do funcionamento mental em que o impulso é o de privilegiar o investimento libidinal na excitação (e não a descarga), em detrimento do investimento libidinal objetal (processo que Rosenberg chama "masoquismo mortífero").

O álcool como salvação da condição humana: *A tábua da salvação da minha de vida [...] parece que alguma coisa ia ser retirada de mim.* A transcendência proporcionada na alcoolização alcoólatra é que seria retirada? Seria uma salvação da condição humana?

A busca de uma condição ideal de imortalidade e um desequilíbrio pulsional: *Parece que eu busco o álcool como se estivesse buscando ser imortal [...] Buscar a morte para buscar a vida?.* Apontava-se uma insuficiente modificação do princípio do Nirvana pela pulsão de vida e uma feroz tentativa de negar a mortalidade humana.

Fernando Pessoa, em *O eu profundo*, já nos dizia uma prece:

> Senhor, que és o céu e a terra, que és a vida e a morte! O Sol és tu e a Lua és tu e o vento és tu! Tu és os nossos corpos e as nossas almas e o nosso amor és tu também. Onde nada está tu habitas e onde tudo está – (o teu templo) – eis o teu corpo.

Dá-me alma para te servir e alma para te amar. Dá-me vista para te ver sempre no céu e na terra, ouvidos para te ouvir no vento e no mar, e mãos para trabalhar em teu nome. Torna-me puro como a água e alto como o céu. Que não haja lama nas estradas dos meus pensamentos nem folhas mortas nas lagoas dos meus propósitos. Faze com que eu saiba amar os outros como irmãos e servir-te como a um pai.

[...]

Minha vida seja digna da tua presença. Meu corpo seja digno da terra, tua cama. Minha alma possa aparecer diante de ti como um filho que volta ao lar.

Torna-me grande como o Sol, para que eu te possa adorar em mim; e torna-me puro como a Lua, para que eu te possa rezar em mim; e torna-me claro como o dia para que eu te possa ver sempre em mim e rezar-te e adorar-te.

Senhor, protege-me e ampara-me. Dá-me que eu me sinta teu. Senhor, livra-me de mim. (1982, p. 33)

"Senhor, livra-me de mim, humano!": eis o funesto desejo do *idealcoolista*.

Seguiram outras recaídas, amiúde. Embora não tão graves, retornavam em intervalos de cinco a sete dias, e impingiam a sensação de que, provavelmente, nada poderia fazer em seu caso[9], porque, quando ele se mostrava aliviado de seus sofrimentos, em virtude de um aprofundamento na compreensão

---

[9] Steiner (1990, p. 339) já havia acentuado em seu trabalho com uma paciente aprisionada em sua organização patológica que o analista "sente-se extremamente

de seu estado psíquico, sempre recuava para as alcoolizações alcoólatras, a fim de criar seu refúgio na organização patológica, vivendo apenas em busca de um incompreensível estado de prazer, na loucura, que o levaria, inexoravelmente, para maiores inumanidade, depressão e angústia.

Entretanto, aproveitava cada situação de recaída para, nas sessões seguintes, além do acolhimento, insistir no choque de humanidade, tentando tomar os cuidados necessários para evitar saturação. Afortunadamente, as observações que fazia sobre sua impotência perante o álcool e sua negação quanto aos sofrimentos brutais advindos de cada alcoolização, associadas ao conjunto do trabalho analítico, pareciam encontrar eco em Lázaro. Fui, aos poucos, transformando-me em apaziguador de feras, de pensamentos brutos e selvagens, agindo para conter ou impedir que os impulsos destrutivos predatórios continuassem tomando conta dele e impusessem-lhe sua fúria suicida.

Os resultados começaram a surgir, e ele passou a demonstrar moderada, mas crescente, confiança na relação. Manifestava disposição lenta, porém progressiva, para cuidar-se: se era trazido ao consultório por familiares ou membros de sua ordem religiosa, uma vez ou outra já vinha para a sessão por conta própria, até se transformar em rotina.

Hoje eu vim por minha livre e espontânea vontade. Não vim porque me obrigaram a vir. Vim porque quis e não teve não querer.

---

desconfortável, sendo chamado a carregar a preocupação (pelo tratamento), ainda sabendo, [...] que o que quer que faça será insatisfatório".

Segunda grave recaída

Era de tarde e eu saí da minha casa na igreja me sentindo sozinho. Aí eu fiz o seguinte: parei em uma loja que vende vinho, bebidas. Então comprei um negócio fortííííssimo. Uma garrafinha de grapa fortíííííssima, fortíííííssima. Aí deu uma luz dentro mim. É a minha vida, é toda a minha vida. Eu tenho que dar continuidade. Daqui a pouco, eu vou ao AA, e eu vou beber quando? Antes, durante, depois? Amanhã, eu tenho a minha sessão lá com o doutor. Como é que eu vou fazer? Esse conflito acabou com a minha paz interior, e eu me sentia culpado por comprar a garrafa de grapa. Sabe o que eu fiz? Fui ao AA, voltei mais ou menos nove e meia da noite. E lá fui eu beber a garrafa de grapa. Tomei toda a grapa de uma só vez, deitei e dormi. A quem eu estava enganando? Quer dizer, então... a única conclusão a que se pode chegar é que é uma doença mesmo. Eu sei que é uma doença e porque, mesmo eu sabendo... é ridículo!!! É ridículo!!! Eu já ia dormir. É muito estranho. Eu aceito, dou totalmente minha mão à palmatória, mesmo sabendo que é uma doença. Mas eu ainda não me conformo... Mas, doutor, eu bebo quando eu saio, quando eu me sinto abandonado.

Ao reler minhas anotações após a sessão, notei nitidamente meu desejo de falar: "Meu caro Lázaro, faltou-lhe a presença do pai ontem. O pai é aquele que protege, orienta, estabelece limites e que diz: 'escute, menino, o que está fazendo? Você teve um AVC, por conta da doença do *idealcoolismo*; você andou estragando a sua vida por causa do álcool, como você foi comprar essa tal garrafinha de grapa? Sai dessa, meu filho!'".

Minha vontade também foi de, no mínimo, dizer: "O que você foi fazer à noite no AA? Por que não pegou essa maldita garrafa e jogou fora? Por que você não se disse: 'amanhã você tem sessão com o doutor, não faça isso, você está se prejudicando. Faça o favor, não repita isso de novo!'? Faltou, para você, nessa hora, o pai amigo, que impõe limites, e sobrou a autoridade cruel que você precisava enganar!".

Mas o que ele ouviu de mim foi diferente:

Lázaro, você disse uma coisa interessante aqui: "Dou a mão à palmatória". O que é equivalente a dizer: "perante uma autoridade cruel, que eu sempre quero enganar, eu errei gravemente, cometi um ato ilícito e imoral; mereço ser castigado". Por incrível que pareça, algumas vezes, para não se sentir abandonado por mim, uma parte da sua mente quer que eu castigue você. Você quer enganar a autoridade cruel como, bebendo? Você vê que bebeu para se livrar da culpa e, ao mesmo tempo, para se sentir mais culpado? Faltou o pai amigo, que coloca limites: você poderia ter dito a si mesmo "amanhã você tem sessão com o doutor, não faça isso, você está se prejudicando". Parece que você tem mais facilidade de ser apenas uma mãe frouxa e concessiva de si mesmo do que um pai protetor e amigo, que coloca limites. Neste instante, agora, não adianta ficar se culpando. A autorrecriminação não leva a nada; não é útil!.

Como resposta:

Agora o senhor me deu uma luz muito boa. Hummmmmm...
É verdade!

Tive que elaborar sozinho a emergência dos afetos paternais, muito áridos, e, por vezes, restringir-me a apenas acompanhá--lo em seus passos, para evitar males maiores. Foi como estar com alguém sem perturbá-lo muito, cuidando para que tudo corresse dentro do esperado.

Fiz um intenso trabalho interno para desenvolver ainda mais a resignação necessária, aguardando que ele, aos poucos, adquirisse, minimamente, a consciência do estado de crueldade inumana a que tinha chegado na sua condição alcoólatra. A ausência da função paterna, em sua vida, era notável e, no entanto, parecia ser insuportável o efeito da presença da mãe[10], diante da ausência quase intransponível do pai externo e, principalmente, do interno.

Eu vou dizer assim: estou indiferente. Estou sentindo uma certa *indiferença em relação ao álcool. Não é ojeriza, como acontecia* *antigamente, logo depois dos porres ficava sentindo uma repulsa;*

---

[10] Klein (1935) afirma: "Desde o início do desenvolvimento psíquico há uma correlação constante entre os objetos reais e aqueles que são instalados dentro do *ego*. É por esse motivo que as angústias que acabei de descrever (de aniquilamento e persecutória) se manifestam na fixação exagerada da criança na mãe. A ausência da mãe desperta na criança a angústia de ser entregue aos perseguidores, sejam estes externos ou internalizados" (p. 308).

nada disso. Estou me sentindo indiferente. A diferença é a indiferença que sinto depois do porre.

Outrossim, passei a perceber, nele, uma crença em sua superioridade algo divina, a indiferença de alguém inatingível, acima dos mortais humanos[11], pois, após cada alcoolização (clímax do uso dos efeitos psicossomáticos do álcool na organização patológica), ele se mantinha vivo e relativamente intacto, aparentemente sem consequências mais graves para a sua saúde física. Essa ausência de efeitos negativos imediatos e diretos dava a Lázaro uma ilusão de imortalidade, que, apesar de falsa, podia, nos momentos mais agudos, aplacar a depressão que sucedia à metabolização do álcool, impulsionando recorrentemente a negação[12] dos efeitos desfavoráveis do estado de alcoolização e criando condições para nova ingestão alcoólatra.

Eu gostaria de me livrar do meu sofrimento incrível, e o que tem me atormentado mais, dia e noite, ultimamente, é essa ligação, como se eu fosse um fio elétrico ligado na tomada; é essa ligação que eu tenho com os outros e com qualquer coisa. Eu fico implicando com tudo, não sei se é com tudo, mas parece que é com tudo que os outros

---

[11] O que poderia explicar os sentimentos de relativa pequenez e impotência perante seu estado alcoólatra, que foram ativados desde a entrevista inicial e em muitas sessões.

[12] Steiner (ibid.) já havia acentuado a presença dos mecanismos de negação na organização patológica: "Em minha paciente, por exemplo, a sala da fronteira poderia ter-se tornado um abrigo idealizado e as experiências terríveis associadas a ela foram negadas" (p. 341).

falam, com tudo que os outros fazem e com qualquer coisinha que dê errado no meu dia a dia. Tudo fica grande, dá aflição.

Com o tempo ficou claro que Lázaro sempre foi particularmente sensível e vulnerável aos sofrimentos da vida[13], e que os experimentava em grau superlativo diante de quaisquer eventuais dificuldades e frustrações do cotidiano. Concluí que, por conta disso, tornava-se, para ele, indispensável – conquanto fizesse análise[14] – continuar fiel a uma crença delirante, um culto à ilusão[15] da existência de um deus ao alcance da boca, que lhe poderia dar força, proteção e prazer ilimitados e, igualmente, fornecer a satisfação irrestrita de todas as suas necessidades,

---

[13] Essa condição do *idealcoolista* já havia sido acentuada por Kalina e Kovadloff (1983, p. 76): "Embora o temor da morte seja uma vivência natural nos seres humanos, ele pode assumir diferentes expressões, algumas delas francamente exageradas, como os sentimentos de completa intolerância à frustração, ao fracasso, à incerteza e à perda, a que antes nos referimos. No caso dos toxicômanos esse temor exacerbado é um dos traços definidores de sua personalidade. O drogadicto é sempre dominado por angústias e temores, cuja qualidade e intensidade os transformam em sentimentos inteiramente insuportáveis para seu *ego*. A insegurança em si próprio e o medo de ser destruído demonstram, pela constância com que se evidenciam e a intensidade com que se apossam desse tipo de personalidade, que a estrutura do *ego* do toxicômano potencial é notavelmente fraca. A maneira como o adicto potencial sente essa sua fragilidade não é outra coisa que a vivência que, em última instância, tem de sua morte".

[14] A organização patológica em seu clímax (alcançado na alcoolização alcoólatra) oferece ao *idealcoolista* a ilusão de poder, completa segurança e gozo: "O paciente pode então achar muito difícil sair deste abrigo para encarar o mundo real, no qual a dor e a ansiedade o ameaçam" (Steiner, 1990, p. 341).

[15] Freud (1927) afirma que: "Podemos, portanto, chamar uma crença de ilusão quando uma realização de desejo constitui fator proeminente em sua motivação e, assim procedendo, desprezamos suas relações com a realidade, tal como a própria ilusão não dá valor à verificação" (p. 44).

mantendo-o prisioneiro de tal insanidade. Sobretudo para si, o alcoólatra é um ilusionista.

É... ontem eu estava esperando meus familiares lá no pátio onde tem o AA, e todo mundo do AA estava saindo e tinha um companheiro manobrando o carro. Eu ali parado, olhando para o outro lado da rua, vi um bar em frente, aí eu virei para ele e disse: olha lá, mais um templo do nosso deus.

Tornou-se cada vez mais evidente que Lázaro constituiu e filiou-se a uma religião degradada, uma vez eleito algo do mundo – o álcool – como seu deus, pois sua intensa fé na crença delirante de conseguir apossar-se de uma divindade poderosa, por uma ação canibalística dos efeitos psicossomáticos do álcool, foi produzida a partir da equação simbólica: o álcool é igual a uma divindade que posso criar, com a qual posso me identificar, da qual posso me apossar, cultuar e dominar. Essa atitude religiosa está ao alcance de meu braço estendido e da boca mais próxima, a minha!.

Ele é uma pessoa boa, mas ele não sabe lidar com essas coisas. Então... também tem uma parte cômica. Eu fui ao bar e pedi duas doses de vodca. Ele me viu saindo da igreja, estavam tocando o sino para as orações, e ele veio atrás de mim. Eu vi que ele foi atrás de mim, mas eu já estava alcoolizado, era só para eu encher o tanque de novo. Eu estava numa boa. Ele entrou no bar de hábito preto, falou algo comigo e eu não me lembro o que respondi. Logo hoje!

Logo hoje que eu levantei de manhã com vontade de ir falar com Ele e perguntar-Lhe: o que eu fiz para Você? Acabei, entretanto, invocando o nome do outro deus.

A natureza das defesas reunidas por Lázaro em uma organização patológica era predominantemente maníaca, e ele as mantinha unidas, cimentadas pelo álcool, fazendo sua associação aos efeitos euforizantes da bebida. Concomitantemente, não seria possível, para ele, a constituição e manutenção dessa organização patológica, sem o uso de práticas religiosas degradadas.

Em razão de sua fragilidade egoica, ele tentava encontrar pelos únicos meios ao seu alcance um estado mental (também espiritual?) que lhe proporcionasse abrigo em um mundo ideal que não fosse deste mundo, pleno de segurança e que funcionasse como defesa não apenas contra a fragmentação e a confusão, mas também contra a dor mental e a ansiedade da posição depressiva[16].

Na origem do contexto psicorreligioso, os sinais de uma intensa relação-ligação com sua mãe eram perceptíveis, apresentando-se constantemente:

---

[16] A organização patológica oferece ao indivíduo um abrigo do apavorante mundo externo e contra uma ameaça de dilaceração do mundo interno: "A organização patológica parece oferecer ao paciente um abrigo idealizado das situações aterrorizantes ao seu redor" (Steiner, 1990, p. 339).

O que falei com o senhor na última sessão, embora interessante e me tenha feito algum bem, é desagradável e ruim, mas ainda assim eu queria voltar naquele assunto, o assunto da minha mãe.

Mas qual é a culpa e o perigo de eu visitar a minha mãe? Eu gosto dela, eu a amo; e, na casa dela, não tem nenhum risco, nem de assalto, nem risco de nada. Que culpa, que medo e que perigo é esse, que eu sinto dentro de mim?

Como eu estou sem as minhas funções na igreja, eu poderia passar os cinco dias da semana na casa da minha mãe, mas eu tenho medo. Aliás, eu acho que quem vai visitar a minha mãe é o outro Lázaro [o alcoólatra], e não eu.

Ontem, eu fui chegando à casa da minha mãe e fui sentindo como se algo estivesse acontecendo comigo e eu fosse estragar alguma coisa muito boa. Era como se eu fosse levar uma coisa estragada para ela. Lá, é um lugar que não é digno de que eu levasse uma coisa assim tão ruim. Lá, é um lugar muito bom: eu, junto com a minha mãe e com tudo dela.

Quando eu era adolescente, jovem, quando eu tinha os meus quinze anos, mais ou menos, eu agredia muito a minha mãe, eu tinha repulsa, sentia uma coisa horríível, até mesmo nojo, por qualquer toque ou abraço que a minha mãe me desse. Agora, eu fico lá, beijando, beijando, beijando ela; ela gosta e eu gosto mais ainda. Como pode? Como houve esta alteração tão grande? Essa mudança tão grande?

Muitas eram as referências à mãe, das quais algumas foram pinçadas. Certas vezes, assemelhavam-se a preces religiosas para obtenção da graça de uma condição ideal, sem sofrimentos:

Eu só pediria que a minha vida sempre fosse como quando eu fico lá; juntinho, só nós dois, sem mais nada de sofrimento no mundo: ela gosta e eu gosto mais ainda. Como pode?.

É, nós ficamos ali, eu e minha mãe, e, às vezes, eu fico pensando que eu gostaria de entrar dentro dela, entrar dentro daquele útero e ficar ali protegido e, se ela morrer... [começou a chorar, interrompeu a fala e balbuciou algo, que não ouvi].

Possivelmente, com o uso autodestrutivo predatório da bebida alcoólica, Lázaro perpetrou tanto ataques à mãe quanto desesperadas tentativas de neutralizar a percepção de sua diferenciação com relação a ela[17], talvez por sentimentos de completa impotência diante da figura materna.

Mas, se ela morrer, alguém vai ter que ir lá para remexer nos documentos guardados por ela, e, aí, sim... Mas mexer no passado?...

---

[17] "Os sentimentos mais penosos de autodestruição, que dominam o adicto, provêm do caráter insuportável que adquirem para ele as vivências de autonomia e diferenciação. Nesse sentido, pode-se dizer que o nascimento, interpretado como experiência primigênia de separação, constitui o drama básico da personalidade adictiva, e que [...] o anseio profundo disfarçado nessa vontade de indiferenciação é a dissolução da própria corporeidade. O corpo é, por isso, o alvo predileto dos ataques autodestrutivos do adicto. Esta agressão responde, se assim podemos dizer, à necessidade inconsciente de reconquistar a originária situação fetal. Nela não há, na verdade, corpo próprio: somos um com a nossa mãe; e os dois somos o mesmo e, nessa medida 'estamos salvos'" (Kalina; Kovadloff, 1983, p. 79).

Quando ela morrer, coitada; coitada nada! Sorte dela. Quando ela morrer, aí, sim, vai ser com dor remexer nessas coisas do passado. Existe uma ideia em minha cabeça de que, se eu beber, eu salvo a minha mãe.

Subsequentemente, por meio da ingestão alcoólatra, o *idealcoolista*, no anseio de preencher as necessidades narcisistas do seu ideal[18], vale-se de uma experiência psíquica erotizada, em relação a uma divindade – mãe-seio idealizada – e, para ele, o prazer no beber pode ser um sucedâneo do prazer no mamar[19] ("mãeamar"). Popularmente, do indivíduo alcoolizado, diz-se estar 'mamado'[20].

Em Lázaro, o padrão do amor à mãe e ao álcool, e dessa estreiteza mental, foi causado por uma redução de sua capacidade simbólica, cognitiva e perceptual, o que facilitou o atendimento dos alvos que seu estado alcoólatra impunha. Ou

---

[18] Muitas vezes, contratransferencialmente, ao término de uma sessão, sentia-me bastante insatisfeito com ela, até que pude perceber que talvez estivesse buscando uma sessão ideal.

[19] Rádo (1926, p. 28) parte do reconhecimento de um orgasmo alimentar na criança que mama, que constitui a culminação da atividade nutritícia, como base de toda a toxicomania.

[20] O conteúdo calórico constitui uma faceta importante para uma diferenciação entre o álcool e outras substâncias psicoativas. Cada grama de álcool contém sete calorias, apesar de não estarem associadas a proteínas, sais minerais ou vitaminas, sendo consequentemente chamadas de "calorias vazias". Em um organismo, físico e psíquico extremamente débil, como é o corpo do bebê ao nascer e em seu primeiro ano de vida, justifica-se a hipótese de que o leite materno tenha, nessa ocasião, aproximadamente o mesmo valor calórico que o álcool tem para o corpo de um indivíduo adulto, com a diferença de que o leite é um alimento real e não fornece "calorias vazias" como o álcool (Milan e Ketcham, 1983).

seja, seu superego impôs propósitos estreitos, cruéis, insanos, que deviam ser apenas aqueles do eu, acatando os desejos também do id: apossar-se da sensorialidade prazerosa de um mamilo divino (representado pelos efeitos psicossomáticos do álcool), que funcionaria como promotor de uma pseudointegração do seu psiquismo, dando-lhe a impressão de que suas defesas estão organizadas e otimizadas e todos os indivíduos (não *idealcoolistas*) que o cercam jamais poderiam entender como ele e o álcool se davam maravilhosamente bem.

Saliento: quando a organização patológica das defesas do *idealcoolista* (o alcoólatra no seu intervalo entre as alcoolizações ou em início de um tratamento) começa a falhar, ele tem a necessidade de recorrer a uma maximização das defesas e da reunião delas na organização patológica, alicerçada nos efeitos psicossomáticos do álcool, que o empurrem para situações cada vez mais distantes da realidade humana. Para o *idealcoolista* transformado em alcoólatra, isso só pode ser alcançado no estado de alcoolização alcoólatra, que é transfigurado em uma espécie de perversidade de prazer no uso recreativo dos efeitos do álcool, sugerida também em sua relação com a própria mãe, ao ser ela, para o alcoólatra em seus primórdios de vida, seu mamilo divino.

Por outro lado, a intensidade do trabalho analítico com Lázaro encaminhou-se na direção de melhor elaboração dos movimentos de intoxicação psicorreligiosa alienantes, em uma circunstância particularmente significativa que evidenciou a raiva, o ressentimento e a vingança, como traços característicos do *idealcoolismo*.

Em um final de semana próximo de minhas férias, Lázaro experimentou outra séria recaída, transcrita como parte inicial de uma sessão.

Terceira grave recaída

Chegou muitíssimo abatido, fisionomia carregada, andar trôpego, de bengala e com o braço e a mão mais imobilizados que de costume. Sentou-se na cadeira diante de mim com dificuldades e a voz embargada, mais sussurrando que falando e, após pequena pausa, iniciou a sessão.

Bom dia, doutor. Eu pus a prótese [na mão e braço direito] *porque o meu pulso está meio puxado, meio virado para baixo. Estou de bengala pelo desequilíbrio.*
(Pausa)

A dor e o desespero eram tocáveis quase fisicamente.

Era provável que tenha tido, de fato, um acentuado desequilíbrio psíquico.

Perguntei-lhe se havia caído.

Hum hum.
(Pausa)

Caí no banheiro do quarto. Foi muito claro que tudo não se passa de um joguinho. Eles jogam comigo, e eu jogo com eles. Então, eles escondem as garrafas todas, e eu joguei ganhando deles nesse joguinho de uma maneira horrível, horrível! Peguei uma garrafa... às escondidas, não é? E eu fiz do jeito mais horrível que eu acho: álcool, álcool, álcool com água. Bastante álcool e pouca água. Então, é um joguinho em que penso que eles se perguntarão e ficarão falando baixo entre eles para eu não ouvir: como será que ele bebeu? *Isso agora sou eu que vou falar, isso é coisa da minha cabeça. Eles ficam falando:* como será que ele conseguiu beber? Não é possível! Nós trancamos tudo. *Aí eles ficam quebrando a cabeça para saber onde e como foi que eu peguei a garrafa de álcool e como foi que eu bebi. Esse é o joguinho que eu faço com eles.*

(Pequena pausa)

No sábado, eu fiquei sozinho, como eu fiquei anteontem, não saí com a comunidade. Aí, o enfermeiro estava naquele dia, que era para ele ficar. Eu já estava com vontade de beber, e já tinha visto onde tinha uma garrafa de álcool. Aquilo me coçou a língua, as mãos e os olhos, porque tudo tem que ser às escondidas por causa do padre L... Ah!, é... então está bom, agora eles não vão perceber e vão ficar desesperados querendo descobrir de onde saiu isso... vão ficar mais desesperados se perguntando como é que ele conseguiu beber...

Em uma nova pausa, mantive-me em situação de atenção, acolhimento e expectativa respeitosa. Ele continuou a longa fala, como se estivesse me dizendo que precisava falar, falar, falar, sem ser interrompido.

Sou eu... Então, esse padre L., sou eu que estava jogando esse joguinho com eles. Me veio à cabeça, esses dias, que esse joguinho permeia toda a minha vida. Então, o que foi que eu fiz? O que se faz quando a gente bebe, ainda mais bebendo o álcool? Misturei um copão de álcool com água, bebi tudo e saí correndo para o quarto, porque eu sei que o negócio é uma bomba. Tudo começou quando o enfermeiro que estava comigo de manhã falou qualquer coisa, e eu, para me ver livre dele, disse que ia sair um pouquinho, que ia até a casa da minha mãe. Eu falei com o motorista B. para ele ir comigo até o ponto de táxi, eu fazendo de conta que ia tomar um táxi. Então, eu pensei isso: enganei-os! Desci para o refeitório. Na copa, tinha uma garrafa de álcool que estava embaixo da pia, dando sopa há vários dias. Depois de beber o copão de álcool, subi para o quarto e deitei. Não sei quando acordei, mas eu queria mais. A primeira coisa... eu queria mais, e eu não queria acordar. Dei a volta, saí pelo colégio, entrei no refeitório do colégio. Não passo por dentro da igreja, faço tudo isso para não ser visto. Aí já era outra questão. Porém, virou tudo de perna para o ar! Eles descobriram porque eu estava caído no banheiro, e o enfermeiro viu porque a luz estava acesa. Isso à noitinha, no sábado. No domingo, eu continuei fazendo o mesmo jogo. No segundo dia em que eu bebo, as doses podem ser bem menores, e o efeito é grande. Foi assim. Bebi o álcool pela última vez no domingo à noite, para dormir. Quer dizer, eles estavam nas orações de domingo, não tinha ninguém no convento, eles estavam cantando na igreja. Aí, eu desci, fui no refeitório, fiz a mesma coisa, ninguém me viu, eu bebi e dormi.

Quantos malabarismos, quanta destrutividade, quanto medo, raiva, angústia! Quanta crença no ideal inumano da alcoolização! Quanto joguinho para beber álcool puro, deitar, dormir e desmaiar ou cair no chão, em um sono sentido como se fosse a morte. As imagens não paravam de chegar à minha cabeça e, no meio desse torvelinho, perguntava-me: Tudo isso porque 'eles' escondem (para si?) as garrafas de bebida alcoólica e todos os prazeres que elas encerram? Que prazeres?

Desolado, perguntei-me a que se prestariam todas essas fantasias.

A luta de Lázaro, permeada de sadismo contra esses 'eles', que queriam ficar com uma coisa idealmente maravilhosa e com o prazer todo só para si, não seria uma figura metafórica de sua luta com um seio invejado?

Seus ressentimentos e ódio dirigidos contra 'eles' não seriam melhor compreendidos se se voltassem contra um seio não ideal ou, além disso, não poderia ser aquele seio mau que o estaria excluindo da fruição de um prazer guardado só para si?

Tomado pelos ressentimentos e pela raiva de ter sido deixado de fora e abandonado por 'eles', Lázaro não estaria, da forma mais regredida e contundente, por meio da ingestão do álcool puro, reagindo de maneira atualizada aos atrozes sofrimentos padecidos na realidade ou na fantasia, em alguma etapa primitiva da sua vida em que se sentiu cruelmente exilado ou/e autoexilou-se? Sua privação do álcool por 'eles' não remeteria ao desmame, sentido como traição da mãe em relação a ele?

Ainda que não fosse assim, mesmo havendo dúvida sobre quais as causas de todas suas alcoolizações, as associações feitas por ele conduziam inexoravelmente para a palavra 'vingança' e para nítida correlação entre vingança-ressentimento-raiva e a ingestão do álcool.

Era riquíssimo o material trazido, o que me permitiu concluir que, para ele, como *idealcoolista* em um estado francamente alcoólatra, sentir-se privado do visceralmente ansiado despertava rancor, ressentimentos e desejos de vingança. Utilizava-se, então, do álcool para travar uma luta, permeada de sadismo, contra 'eles', que se apresentavam de diversos modos e com várias faces: a do pai ou da mãe, dos familiares, dos colegas de trabalho, do psicanalista ou de qualquer indivíduo imaginário, ou personagem fantasiada, investidos, por ele, de alguma autoridade coercitiva, sobretudo antialcoólatra.

Ficou claro: contra a autoridade opressora, Lázaro se vingava no álcool e dava vazão ao seu ódio, expressando-o de várias maneiras:

Daí, esta noite eu fui dormir, e acordei... é impressionante! Imagina: acordei pensando em vingança. Outro dia, eu falei aqui na sessão que, com o padre E. [padre que mora com ele na igreja], eu o imaginava andando no corredor e eu estendendo uma corda, que, quando ele passasse, eu puxava a corda e ele cairia e batia a boca no chão e arrebentava a boca toda, machucava bem a boca e saía muito sangue! Essas coisas brotam nos meus pensamentos sem querer, e acho que são coisas sádicas, uma vez que eu fico contente com o sofrimento dos outros. Como também eu pensei em relação ao padre M., que ele estava na beirada da escada e eu o empurrava escada abaixo. Eu queria aumentar um pouquinho o sofrimento deles. Eu acho que jamais faria isso.

Ah! Tive a ideia de vingar-me do padre F. Ele estaria lendo à noite no quarto dele, e eu iria ao quadro geral de eletricidade e desligaria a chave geral para que ele ficasse no escuro ou então, se eu pudesse pegar, ele deve ter um vaso [começou a olhar pela sala do consultório procurando algo como estava imaginando], *uma coisa de enfeite onde fosse possível colocar líquido. Hum... isso mesmo! Como aquele vaso ali, na estante, assim, bem colorido, que eu pudesse encher de urina, que ele não iria saber e iria apenas sentir este cheiro terrível de urina, sem saber de onde ele vinha.*

Eu pensei e percebi que a proibição disso, da bebida alcoólica, não são eles que proíbem, é a gente mesmo que proíbe. Achar que eles é que proíbem está me prejudicando muito, porque tudo que é proibido é até mais gostoso. E ainda tem essa de que, quando eu fico com raiva, eu vou me vingar. Meu Deus! Absolutamente, eu sei que é isso que eu não quero, tenho certeza absoluta. Como eu senti com clareeeeza essas coisas, impressiiionaante! É vingança que eu faço, é tudo contra mim mesmo. É vingança, ééé... Ah! Outra coisa também: dá prazer fazer escondido! Dá prazer descobrir uma nova saída no prédio, eu descobrir uma nova saída na igreja, para eu ir beber no bar. Ôôôôô, que prazer que isso dá! É isso!

Nossa, quantos pensamentos de vingança, meu Deus! Uma vez, eu falei isso para alguém, uma pessoa muito humana, que me disse: Não se preocupe, essas coisas nunca serão executadas por você. *Porque teve uma época, com o p. BK* [ex-diretor pedagógico que o antecedeu no cargo], *que eu tinha mil vezes por semana esse tipo de coisa de querer acabar com ele. Era insuportável conviver assim.*

Pressupus que estava incluído entre 'eles', ao vê-lo vingar--se, quando chegava ao consultório abertamente abatido pela alcoolização alcoólatra (com meu vaso colorido, que ele encheria de urina). Da mesma maneira, Lázaro ficava confuso entre um triunfo sobre mim, por não ter conseguido retirar o seu prazer no acesso à divindade (álcool) ou não ter ficado com o prazer de possuí-la só para mim, e o contato com sua vulnerabilidade, ao se perceber humano. Acreditei que, ao se deparar com seu estado de prostração e depressão, ele tinha certa percepção de suas limitações humanas e sabia que isso decorria de seu distanciamento do estado ideal, alcançado durante a alcoolização alcoólatra. Ou seja, negava, mas não completamente, que a alcoolização trazia sempre uma segunda fase de sofrimento e angústia.

Diante disso, creio que a impossibilidade de perdurarem indefinidamente os efeitos psicossomáticos euforizantes do álcool, somada à ilusão alcoólatra de ser um deus, tornam o paciente mais acessível ao choque de humanidade, já que, após a recaída, sua realidade humana fica mais concretamente evidenciada e semelhante à nossa. A condição de finitude transpira concretamente nos desconfortos e desprazeres infligidos ao corpo pela metabolização do álcool, com toda sua força.

Poderia haver, em Lázaro, igualmente, além dos ressentimentos e do ódio, uma condensação entre o prazer de mamar em um seio supostamente ideal e o de fazê-lo, para satisfazer os desejos eróticos da mãe e o gozo da alcoolização alcoólatra?

Quem saberia dizer se, nessa amálgama, não havia lugar para um desejo de vingança contra mim, baseado na suposição de que seu psicanalista desfrutaria de um prazer imenso, decorrente de idealizações que ele poderia fazer da minha condição? Um indivíduo que, à imagem de uma mãe acolhedora, às escondidas, deleitava-se no gozo dos seus muitos conhecimentos e bem-estar ilimitado, do qual ele era excluído? E mais: poderia ter comparecido à sessão naquela condição deplorável na expectativa de ser recriminado e castigado?

Após a aflição, os desprazeres e o choque de humanidade que se seguiram à terceira grave recaída, e com o trabalho analítico enfocando seus ressentimentos, raiva e vingança, o uso que fazia da bebida alcoólica sofreu acentuado declínio.

Todavia o padrão de Lázaro beber para dormir, como se fosse morrer, chamava-me a atenção por sua constância. Conquanto só tivesse percebido isso com algum atraso, pude ver, ali, uma conexão entre Hypnos e Tânatos.

De início, pensei que essa relação entre a alcoolização, o sono e a morte poderia, novamente, ser vista como uma forma de salvar-se da condição humana, que, com a morte, não poderia mais voltar.

Ontem, estava na casa da minha mãe e me veio uma vontade, uma atração tão grande, nem sei como chamar isso, mas é forte, fortíssimo! Isso vem acontecendo comigo há vários anos, nem sei direito há quanto tempo: eu tenho que beber uma quantidade enorme da bebida, até que me faça dormir, e é nesse dormir que eu tenho uma impressão de como se eu tivesse morrido; é nesse sono que eu tenho uma impressão de que não vou mais sofrer! Isso me faz viver, é um absurdo, mas é isso!

A tentação do *idealcoolista*, pelos deuses tanto quanto pelo sonho de ser um deles, evidenciava-se na atração de Lázaro por uma santidade completa e ideal. Ao tentar uma forma de experimentar uma transcendência santa e miraculosa, por meio da alcoolização alcoólatra, não estaria usando certa religião degradada para escapar da sua própria humanidade?

Poderia ser asseverado haver, no *idealcolismo*, uma vinculação dissimulada entre o uso dos efeitos psicossomáticos do álcool e uma espécie de êxtase religiosa, como efeito do apossamento da divindade na ação de *idolalcoolatria*?

Ontem, peguei, para assistir, um DVD que conta a vida e santidade do Padre Pio. Ele parecia estar flanando no ar. Como ele conseguiu isso? Ele morreu e foi direto para o céu. Aliás, essa santidade imensurável exerce uma atração enorme sobre mim. Eu queria ser como ele. Quando eu estive na Europa, fui visitar a tumba do Cura D'Ars, pela fascinação que exerce, em mim, esse modo de ser dos santos. Isso vale para muitos outros santos. [Completo que, sem sombra de dúvida, isso vale para o maior de todos os santos: o santo deus Álcool"].

No que se refere à relação entre a alcoolização, o sono e a morte, Hypnos, na mitologia grega, é o deus do sono, filho de Nix, a noite, e irmão gêmeo de Tânatos, o deus da morte, tendo, entre seus filhos, Morfeu.

Na expressão popular, dormir é 'cair nos braços de Morfeu' – deus dos sonhos e filho do sono. Para o *idealcoolista*, a expressão representa o sonho de possuir um deus que lhe dê a imortalidade e o retire dos sofrimentos de sentir-se humano. Para Lázaro, os efeitos psicossomáticos do álcool podiam, igualmente, surtir como substituto do sono-morte-vida-no--colo-deus-materno, fazendo uma conexão entre Hypnos e Tânatos, consumando o delírio de ter alcançado o ideal, uma vez que, ao dormir alcoolizado, *não vou mais sofrer! Isso me faz viver, é um absurdo, mas é isso!*.

O sono, além disso, pode ser considerado repetição da condição intrauterina, mas, tanto ele como o estado pré-natal, representam simbolicamente a morte. O *idealcoolista*, como alcoólatra, ao praticar alcoolização desmedida, cujo resultado final é dormir-desmaiar-morrer, deseja também o sono fusionado à morte e passa, consequentemente, a submeter-se ao poder do masoquismo mortífero.

Lázaro parecia, vagamente, reconhecer seu masoquismo mortífero no poder destrutivo da força de sua atração pelos efeitos psicossomáticos do álcool (*veio uma vontade, uma atração tão grande, nem sei como chamar isso, mas é forte, fortíssimo!*), em que os investimentos libidinais dirigem-se, quase exclusivamente, para a excitação alcoólatra e a descarga no dormir-morrer (*como se eu tivesse morrido*).

Fez-se, nele, a conexão entre o masoquismo mortífero, expresso no investimento libidinal da excitação produzida pela ingestão alcoólatra de padrão 'alcoolizar-se para dormir-morrer', e o masoquismo moral, quando, ao acordar, martirizava-se pela culpa. Tal conexão possuía estreita relação com os estragos produzidos na vida social pela sua alcoolatria, e será descrita, em síntese, adiante.

Após as recaídas, dava-se vazão à autorrecriminação que, nessas ocasiões, era ainda mais acentuada, com sentimentos de culpa que denotavam um pedido de castigo. Algumas vezes, chorava; noutras, mantinha-se em pausa silenciosa, sugerindo que seu trabalho analítico tinha algo de indesejável, pois, para ele, minha intenção seria privá-lo do álcool e, assim, de seu gosto de viver. Nessas sessões, parecia que propunha, para mim, uma aliança espúria dissimulada, atribuindo-me um honroso papel de juiz e, a partir daí, usando minhas prováveis reprovação e crítica para seus desvarios alcoólatras, a fim de desfrutar um prazer masoquista.

Cuidadosamente, recusava a proposta e procurava apaziguá-lo, apontando-lhe a tentativa de manipular-me masoquisticamente. Ao contrário, em vez de enveredar naquela aliança, aproveitava-me beneficamente dessas ocasiões para fazer uma desmistificação de tal equilíbrio prazeroso, supostamente alcançado por meio da associação entre sua necessidade de expiação de culpa e punição. As interpretações buscavam, também, indicar-lhe que o uso alcoólatra da bebida alcoólica trazia-lhe mais complexos de culpa persecutórios que reais sentimentos de culpa, motivados por ações reparáveis.

Por conseguinte, seu estado alcoólatra apoiava-se nos desejos inconscientes e ocultos de ser castigado, para obter prazer. Tratava de dizer-lhe que o estado de angústia e desespero depressivo, vivenciado no instante da ressaca pós-alcoolização alcoólatra, era uma maneira de punir-se, usando, como flagelo, o resultado desastroso inequívoco das ações do dia anterior. Cuidava, nessas horas, com muita atenção, de evitar que minha fala (incluindo o tom adotado por minha voz) fosse entendida, por ele, como estivesse impondo-lhe um julgamento, com críticas ou cobranças, e que funcionasse como instrumento para sua autoflagelação.

Seu masoquismo moral, desde sempre, representou um perigo para nossa aliança terapêutica e mereceu permanente zelo até que os aspectos masoquistas, que também alimentavam sua organização patológica de cunho psicorreligioso degradado, pudessem ser melhor elaborados.

Ao cabo de uma sessão, no sétimo mês do trabalho analítico, ele proferiu:

Outro dia, eu falei brincando para alguém lá da igreja: eles já fizeram muitas coisas para que eu sofresse, agora, só falta eles me darem um pé na bunda e eu ir parar no meio da rua. [...] Mexendo

nas coisas da casa da minha mãe, tem uma infinidade de papéis que eu tenho que queimar, porque eu não consigo rasgar devido à minha mão direita. Em cima do piano, tinha uma estatueta que eu disse para mim mesmo: isto aqui sou eu, um sofredor. *Podia até ter trazido para o senhor ver. Nesta estatueta, aparece um homem, um pobre coitado já de meia-idade, mais ou menos, mal vestido e segurando uma foice, apoiando-se nela assim, parado, com a cabeça encostada em um oratório* [era assim que ele se via?]. *Atrás, tinha uma imagem pintada do menino Jesus com a sua mãe, Nossa Senhora, e ele estava rezando com uma cara assim. Iiiiih, mas, se eu for falar nisso agora...".* [ele se emociona e chora convulsivamente]
(Pausa prolongada)

Mas, falando nisso doutor, veio uma palavra em minha cabeça... uma expressão... Não sei, doutor, uma confusão... Doutor, eu tenho ido todos os dias no AA, mas noto que há uma briga, dentro de mim, entre querer curar-me e não querer curar-me. A expressão que vem em minha cabeça é coitado, ele merece sofrer!.

Sinais de recuperação

Felizmente, pudemos, de imediato, iniciar um trabalho dos aspectos de seu masoquismo moral elaborados no momento de sua análise, mais que em qualquer outra situação, e manifestados anteriormente, também, como uma resistência às mudanças internas ou à continuidade do tratamento.

Como assinala Rosenberg (2003):

> Permito-me citar aqui, novamente, um texto das "Novas conferências" que mostra como Freud pensava a resistência, considerando que ela atesta a presença do masoquismo nas motivações próprias desta resistência: "Foi-nos preciso procurar esses motivos, ou esse motivo, e nós o encontramos, para nossa surpresa, em uma forte necessidade de punição, que podemos colocar apenas entre os desejos masoquistas e eis, portanto a presença do masoquismo no seio do processo analítico por meio da resistência". (p. 23)

Aos poucos, e com dedicado trabalho, tanto o masoquismo mortífero como o moral, presentes desde o início da análise, foram arrefecendo em patamares mais aceitáveis. Eis um fato expressivo no percurso: ao término da sessão em que ele me entregou um chicote, sessão da qual transcrevo um fragmento:

Então, parece que preciso me livrar dessas minhas paranoias, dessas minhas raivas e autopiedades malucas. Quer dizer que o medo é uma forma de raiva e a raiva gera autopiedade? Ah! É isso! Ahmmm, ahmm... Então, quer dizer que sou eu mesmo quem me fez assim? Então está bom, melhorou, melhorou. E como a coisa está aqui dentro da minha cabeça, eu posso mudar. Não quero mais me castigar. Então, está bom!.

Terminada a fala, Lázaro levantou-se, apanhou uma sacola e disse ter trazido algo para mim, para que guardasse, entregando-me um pacote. Ao abri-lo, deparei-me com um chicote de corda trançada que ele havia feito há alguns anos, para autoflagelar-se. Guardei-o comigo, aliviado e até feliz com seu gesto.

Nas sessões que se sucederam, Lázaro fez uma espécie de revisão das ações desvairadas quando alcoolizado no estado alcoólatra e conseguiu defrontar-se com sofrimentos mais realistas e menos persecutórios em relação à culpa:

Ih, doutor, ontem tive uma noite muito ruim, mas que também foi boa. Boa, porque é bom eu lembrar das cagadas feitas por mim, alcoolizado. Acordei às duas horas da madrugada, e não consegui mais dormir. Doutor, vinha um turbilhão de lembranças na minha cabeça: só coisas ruins. Quanto sofrimento! Quanto sofrimento! E não parava de vir coisas na minha cabeça, por exemplo: eu podia ter matado a minha mãe várias vezes, e nunca aconteceu nada. Como pode? Eu acho que Deus foi muito bom para mim. Imagine! Eu viajava muitas vezes, só com ela, para a cidade dela, no interior de Minas Gerais, e tinha uma igreja, que pertencia à minha ordem religiosa, em que eu ficava. Nestas viagens com ela, eu ia guiando o carro completamente alcoolizado. Ocorreu várias vezes de eu nem saber como tinha chegado no fim da viagem. Eu podia ter capotado o carro, ou ter dado uma baita trombada, e ela morrer. Lembrei--me, também, que certa vez eu celebrei um batizado e, na festa, não tinha bebida alcoólica nenhuma, fiquei procurando até achar uma e, escondido dos convidados, enchi a cara. Que vexame! Outra vez, fui a uma reunião com os bispos, completamente embriagado. As lembranças vinham em minha mente uma atrás da outra, sem parar. Quanto sofrimento e quantas coisas erradas eu fiz! Mas não quero mais ficar me castigando. Não quero mais isso para mim, esse lixo todo tenho que jogar fora!

À medida que o tempo passava e Lázaro elaborava seu árduo trabalho analítico, alguns progressos na vida pessoal tornavam-se visíveis: as recaídas e os lapsos começaram a ficar espaçados, cada vez menos graves, e ele retomou algumas atividades profissionais que não praticava há, pelo menos, dois anos, como atender confissões e dar orientações em alguns conventos.

Um ponto expressivo da vontade de promover uma progressiva recuperação e desenvolvimento, embora as participações em sua igreja ainda fossem muito restritas, sucedeu quando Lázaro elaborou um plano de vida que, resumidamente, era composto de propósitos, horários e atividades programadas.

Os propósitos atinham-se a seis itens: ser um religioso correto, viver sóbrio, ser bom, ser honesto, ser trabalhador e organizar melhor horários, que incluíam sessões analíticas, fisioterapia no hospital, tratamento psiquiátrico com o dr. K. e participação nas reuniões de AA, ao menos duas vezes por semana. Quanto às atividades na igreja, ele se propunha a celebrar missas, atender confissões, participar dos cantos e ladainhas, almoços, orações comunitárias e jantares.

O plano era cuidadosamente elaborado em três folhas de papel ofício timbrado e a apresentação, muito caprichada. Ao entregar-me o envelope que o continha, disse:

Em meu plano, só está faltando uma coisa: que eu não caia em tentação de encher a cara com o álcool!!!

A disposição para possuir um plano de vida e participar mais de sua igreja sugeria a transformação de sua culpa persecutória em sentimentos de culpa mais realistas e as tentativas de reparação tornavam-se mais visíveis nos relatos:

Eu chego lá, eu gostaria... eu estou sem maldade ou sem perceber a maldade. Eu estive me afastando da minha comunidade. Eu que sempre preguei o contrário. Eu escrevi este programa de vida na terça-feira. O que é mais importante é que, nele, tentei dizer o que eu quero da minha vida agora. Eu vou recomeçar a fazer algumas coisas da minha profissão como religioso, que são boas e necessárias, sem atrapalhar a minha recuperação, em todos os sentidos.

Então, doutor, sem prejudicar minha recuperação, quero começar a assumir trabalhos. Amanhã, eu mostro para o senhor isso, concretamente. Quero fazer isso sem a sobrecarga, como eu tinha antes. Eu acho que gostava disso, de me sobrecarregar. Eu saía do quarto, quando era diretor, às cinco da manhã e voltava só às oito da noite. Eu quero mudar minha vida, nesse sentido. Eu fiz esse plano de meus objetivos, e vou assumir. Quando eu tive o AVC, o atual diretor levou a fisioterapeuta que atendia o p. E., que teve uma cirurgia na coluna, para cuidar de mim. Em meu primeiro contato com ela, ela disse para mim: Isso aqui *(que era meu hábito, minhas vestes de religioso, que estava pendurado na parede)*, isso aqui você nunca mais vai poder usar. *Penso que o que ela falou é verdade, e não é verdade, porque eu posso usar. Não vou sair na rua assim, vestido com meu hábito, porque hoje em dia é perigoso. Chegando na minha igreja, voltando daqui, se possível, vou chamar o enfermeiro para me ajudar a pôr o meu hábito. Sozinho, é difícil, porque eu me enrosco por causa do meu braço paralisado, mas, para celebrar missas, fazer confissões, pregar retiros, só dependo de mim mesmo.*

Eu queria participar mais do almoço da comunidade, realizado no refeitório, mas sem ter a obrigação de pôr o hábito. Porque subir, pôr o hábito e descer, aí, eu nem vou, eu acabo indo depois, e nem almoço direito. O enfermeiro deu o exemplo do p. P., que tem 80 anos, e não vai de hábito, entretanto está todo dia lá. O novo diretor também deu a autorização para eu ir sem hábito no refeitório. Então, é mais uma coisa favorável para minha cabeça, para meus planos.

Um sonho produzido por ele, na tentativa de transição de sua organização patológica psicorreligiosa para a posição depressiva, que, para o *idealcoolista* significa alcançar o estado alcoólico, indica a vontade de mobilizar recursos psíquicos mais construtivos, o abrandamento de seu superego e melhor uso de sua função paterna:

Ontem, eu sonhei, doutor, um sonho claro, claro; eu estava na igreja, eu era encarregado de cuidar das finanças da comunidade, e a casa da minha mãe estava ali, pertinho da igreja. Então, o diretor era p. J., aquele que hoje mora no sul, também. Eu encontrei ele lá e tudo era parecido com a casa que morei na infância. Na época que eu entrei no convento, o chefe era o p. J., então ele me nomeou tesoureiro. No sonho, havia muitas pessoas num burburinho de trabalhos sendo feitos. Aparecia o p. J., a dona Joana, que era o braço direito dele, e tinham várias atividades sendo feitas pelas pessoas: umas estavam fazendo cálculos, outras organizavam papéis, outras estavam arrumando gavetas e até atividades de cozinha apareciam. Eu precisava supervisionar tudo. Eu fazia aquelas coisas rotineiras da igreja e, um dia, ele me mandou fazer um serviço, não entendi o porquê, mas também não questionei nada. E as pessoas se perguntavam: Por que fazer isso, essa série de coisas complicadas?*. Eu supervisionava as pessoas, atribuindo serviço para elas. E depois as pessoas acharam ruim fazer aquele serviço, que não tinha nada a ver com a igreja. Só posteriormente, no término do sonho, é que eu fui saber que todo aquele trabalho a mais, que estava sendo feito na igreja, era porque o p. J. estava fazendo tudo isso pela minha casa, como se estivesse... Por exemplo, é como se ele estivesse resolvendo os problemas que estavam precisando ser resolvidos, com aquela casa antiga em que eu morava antes de entrar para o convento. Então, no final do sonho, quando descobri isso, pensei:* que bom ele fazer isso por mim. *Fiquei feliz de ele fazer isso para mim. Doutor, eu levei a minha figura paterna para dentro da igreja, minha figura paterna era o p. J. Não sabia que ele estava fazendo tudo isso para mim. Fiquei tãããoo feliz!* Eu estava sendo aceito por meu diretor!

Tornou-se palpável que uma mudança interna estava operando-se, evidenciada nesse sonho. Nele, Lázaro surgia mobilizando pessoal para atividades produtivas, possuía um superego menos cruel e mais ativo que de costume.

Refleti: a figura do diretor simbolizava uma parte superegoica, mais amistosa, que o estava ajudando a livrar-se dos conflitos (os problemas antigos da casa em que morava) e da agressividade para consigo, manifestada na culpa e no castigo. Anteriormente, para escapar dos problemas e da dor psíquica, ele bebia para sentir-se em um abrigo maníaco e idealizado, reunindo suas defesas em torno do uso dos efeitos psicossomáticos da alcoolização alcoólatra como uma prática religiosa degradada.

Também despontava o desejo de desenvolver uma função paterna mais amistosa (*eu levei a minha figura paterna para dentro da igreja, minha figura paterna era o p. J. Não sabia que ele estava fazendo tudo isso para mim*). Senti que havia, de sua parte, o reconhecimento de que eu fosse, para ele, uma espécie de p. J., que o acolhia e realizava coisas, ajudando-o nos problemas de sua casa mental.

Era notória, igualmente, a disposição para reconciliar-se consigo e com sua condição humana, cercando sua vida de cuidados – ação impossibilitada ao alcoólatra: ele supervisionava todo o trabalho das pessoas na casa e cuidava das finanças da comunidade (seus recursos mentais e sua condição pessoal). Lázaro estava descobrindo que tinha uma mente e que a saída do sofrimento podia ser a humanização, e não a fuga do humano na busca do ideal.

Gradualmente, o resultado de seus esforços internos, visando ao abandono da religião *idealcoólica* degradada e dos anseios em refugiar-se no clímax de proteção, gozo e mania, proporcionado pela organização patológica, baseada nos efeitos psicossomáticos do álcool, transparecia em nosso contato, mais humano e caloroso.

Ele passou a interessar-se pelos objetos do consultório e sua disposição, como se os estivesse enxergando pela primeira vez. Suas perguntas sobre mim, minha saúde e minhas atividades profissionais, revelavam a diminuição de sua angústia quanto à sobrevivência de seu *ego* e manifestava alguma preocupação com o estado do objeto amistoso, que eu agora representava.

Nessa conjuntura, o falecimento de sua mãe, ocorrido quando já estava próximo dos dez meses de sobriedade, foi um nítido indicador de seus avanços psíquicos: conseguiu o êxito de não beber e de trabalhar o luto por uma perda tão difícil com uma determinação muito maior do que na época em que experimentava lapsos e recaídas.

Ao retomar suas atividades profissionais, celebrou a missa de Natal em 2007, para trezentas pessoas, a convite de importante órgão federal, usando suco de uva no lugar do vinho, para a consagração.

Creio que a conquista do presente estado alcoólico (ex- -*idealcoolista* e ex-alcoólatra) de Lázaro tem sido resultado do processo de sua reumanização, da elaboração progressiva do luto pela perda da ilusão na crença de ser possível atingir um mundo ideal por meio do álcool, do declínio progressivo de suas ansiedades esquizoparanoides e depressivas e do abandono de sua organização patológica de estreiteza mental de bases psicorreligiosas, por meio de novos arranjos em sua economia psíquica. Como resultado, abriram-se mais caminhos para que ele possa concretizar, cada vez mais, a superação dos masoquismos moral e mortífero.

Convém salientar que nesse processo de reumanização, as recaídas ou lapsos que existiram proporcionaram condições mais favoráveis para que se acentuasse constantemente o choque de humanidade, com o manejo do princípio da realidade para revelar os aspectos da sua condição humana concreta e evidenciar os desastres ocorridos, inevitavelmente, ao se afrontar a vida humana, por meio dos efeitos psicossomáticos do álcool, em uma religião degradada alcoólatra.

Na transição de sua organização patológica para a posição depressiva, é importante acentuar que Lázaro atingiu, na terça-feira de carnaval, no início de 2008, 376 dias de sobriedade (segundo sua contagem), o que significava mais de um ano sem beber; fato que não acontecia em sua vida há muitos anos.

Como registro, a partir dessa data, ele passou a fazer suas três sessões semanais no divã.

Doutor, o que me dá contentamento, também, é ver que ontem, 5 de fevereiro, terça-feira de carnaval, completei mais de um ano sem beber e, agora, sem estar com vontade de beber. Mais de um ano sem que eu esteja dominado pelo álcool!

Conclusão

O trabalho analítico levado a cabo com Lázaro foi muito rico, mas nossa parceria psicanalítica propôs dificuldades particularmente árduas até ele dar seus primeiros passos na direção do estado alcoólico.

Dentre os vários aspectos do esforço, gostaria de destacar alguns poucos pontos, sem a pretensão de que sejam os mais significativos:

O êxito que alcançamos em estabelecer, gradualmente, uma forte aliança terapêutica permitiu a sequência do processo analítico.

A aplicação do 'chum', que, afortunadamente, mostrou--se muito adequada, favorecendo bastante a aproximação de Lázaro com sua própria humanidade.

O fato de Lázaro possuir *ego* razoavelmente fortalecido, com masoquismos não tão firmemente fixados ou religião *idealcoólica* tão rigidamente estabelecida, além de um conjunto de conhecimentos intelectuais, um mundo emocional relativamente desenvolvido e uma boa capacidade simbólica, recursos mentais que se fizeram presentes no início e no desenvolvimento de seu tratamento.

A entrega do chicote, com que se mortificava: ato que consolidou um rearranjo e o decréscimo em seus masoquismos.

O uso de um suplemento medicamentoso adequado (anti-depressivo e ansiolítico) e a participação no AA, desde o início, e durante cerca de um ano e meio facilitaram o andamento do trabalho analítico.

Atualização

Lázaro encerrou seu trabalho analítico no dia 15 de dezembro de 2011 (após cerca de cinco anos e meio), tendo consolidado relativamente bem seu estado alcoólico atual, fortalecendo sua condição de alcoólico, ex-alcoólatra e ex-*ideal-coolista*, além de solidificar seus processos de reumanização.

2.

O ALCOOLISMO E OS PROCESSOS DE HUMANIZAÇÃO *VERSUS* INUMANIZAÇÃO[1]

Ao iniciarmos o capítulo, gostaríamos de esclarecer que a psicanálise, ao descobrir o inconsciente, revelou uma nova dimensão do humano e que esta faceta exposta acumulou sucessivo acervo de conhecimento, aprofundamento e complexidade, não apenas durante os anos em que Freud realizou

---

[1] Inumano/desumano – À semelhança dos conceitos de não integração, integração e desintegração criados na psicanálise para dar conta da compreensão de certos processos e fenômenos mentais, criamos os conceitos de inumano/inumanização diferenciados de desumano/desumanização pelos mesmos motivos. Se algo está em um estado não integrado não pode se desintegrar. Para que exista um processo de desintegração é preciso que ocorra antes uma integração. Assim também acontece com o inumano/desumano: para que eventos mentais se apresentem de um jeito desumano é necessário que antes tenham sido alcançados ao menos certos níveis de humanismo. Psiquicamente 'inumano' exprime os processos e conteúdos mentais mais primitivos e arcaicos próprios de nossa condição mais inicial, como diria Freud, mais parecidos com aqueles de nossos antepassados animais. Seria aquele estado da vida do 'ainda não integrado' ao que é específico do humano, como, por exemplo, o desenvolvimento da linguagem, ciência, tecnologia, ética e religião. Usamos "inumano" quando queremos nos referir aos aspectos divinos da patologia alcoólatra, tais como onipotência, arrogância e fuga da realidade. Usamos "desumano" para os aspectos cruéis da personalidade, para aqueles atos que envolvem degradação ética e regressão ao uso de perversão e poder.

suas descobertas, mas também quando da chegada de novos pensadores da psicanálise e da psicologia que se interessaram pelo sujeito e sua subjetividade.

Mesmo sabendo dos embaraços teórico-metodológicos que o termo 'humano' implica, achamos importante reavivar a discussão sobre ele. Queremos manter viva a história do desenvolvimento interno da psicanálise com suas concordâncias e controvérsias de diferentes ordens, além da sua crescente contribuição para a compreensão da problemática que é a construção do humano e da cultura humana. Nosso entendimento do significado do termo será apresentado a seguir, e não possui qualquer pretensão de constituir unanimidade, visto que acreditamos na diversidade dos pontos de vista como uma possibilidade contínua de enriquecimento.

Reafirmamos, entretanto, que os conceitos expressos baseiam-se em nossas observações clínicas e no estudo dedicado dos conhecimentos psicanalíticos como a fonte mais reveladora do inconsciente, esse novo estatuto constitutivo do humano, cuja apreensão passa pelo labor pessoal e pelo tempo.

Ser humano não é uma dádiva, menos ainda um dom; é, ao contrário, um encargo difícil, complexo e constante. Por isso mesmo, acreditamos na ideia de humanidade como uma recuperação, ou seja, é recuperando a esperança no que é ético no homem que podemos nos humanizar. Julgamos ainda que a vida humana possa ser uma espécie de condenação, mas, se bem *vivida*, terá a força para transformar-se em, no mínimo, algo interessante, valendo a pena. Esse, contudo, não é exatamente o projeto que o alcoólatra dispõe-se a abraçar.

Voltemos às questões da psicanálise e da humanização *versus* inumanização.

Freud (1924 [1923]) afirma que:

> A psicanálise cresceu num campo muitíssimo restrito. No início, tinha apenas um único objetivo – o de compreender algo da natureza daquilo que era conhecido como doenças nervosas "funcionais", com vistas a superar a impotência que até então caracterizara seu tratamento médico. (p. 225)

Com a evolução de suas pesquisas e estudos teóricos, acrescenta:

> Também deparamos, porém, com outro achado puramente empírico, na descoberta de que as experiências e conflitos dos primeiros anos da infância representam uma parte insuspeitadamente importante no desenvolvimento do indivíduo e deixam atrás de si disposições indeléveis que se abatem sobre o período da maturidade. (p. 221)

Refletindo atentamente sobre tais palavras, acreditamos que conflitos e experiências vividos nos primeiros anos da infância, potencialmente intensos para deixar marcas indigestas e indeléveis, podem ser descritos como exemplos da luta entre o humano e o inumano.

O inumano tenta fazer prevalecer seu poder destrutivo sobre o humano, atuando contrariamente à sua constituição.

Cremos que o inumano, fiel às suas origens, esforça-se para impor sobre a vida psíquica inicial o caráter repetitivo e predeterminado da vida instintual. Tenta, com isso, impedir a construção do aparelho psíquico, da subjetividade, do desenvolvimento do simbólico e da vida emocional; enfim, o inumano batalha para dificultar o surgimento de uma vida mais humana.

É dessa maneira que ele tenta usar toda a força disponível da pulsão de morte, ativa desde o início, contra os processos evolutivos do psiquismo. Atua visando dificultar a boa cooperação entre as partes da mente em conflito e resiste à constituição do humano. O inumano nunca aceitou docilmente, no mais abrangente sentido do termo, a construção perseverante e árdua da própria humanidade.

Em 1930 [1929], Freud expressa o seguinte pensamento:

> [...] em "Mais além do princípio do prazer" (1920), pela primeira vez, a compulsão para repetir e o caráter conservador da vida instintiva atraíram minha atenção. Partindo de especulações sobre o começo da vida e de paralelos biológicos, concluí que, ao lado do instinto para preservar a substância viva e para reuni-la em unidades cada vez maiores, deveria haver outro instinto, contrário àquele, buscando dissolver essas unidades e conduzi-las de volta a seu estado primevo

e inorgânico. Isso equivalia a dizer que, assim como Eros, existia também um instinto de morte. Os fenômenos da vida podiam ser explicados pela ação concorrente, ou mutuamente oposta, desses dois instintos. (p. 122)

Dessa forma, concluímos que o indivíduo recapitula, em seu desenvolvimento individual, não sem vicissitudes, a história do desenvolvimento da própria espécie e de seus feitos como espécie. Pois: "A civilização, afinal de contas, está construída inteiramente sobre a renúncia ao instinto, e todo indivíduo, em sua jornada da infância à maturidade, precisa, *em sua própria pessoa, recapitular esse desenvolvimento da humanidade* em um estado de criteriosa resignação" (1924 [1923], p. 232, grifo nosso).

Vale dizer, por consequência, que, no ânimo pela construção simultânea do psíquico e da cultura, a humanidade opera seu caráter distintivo em relação ao mundo animal: "Mais uma vez, portanto, nos contentaremos em dizer que a palavra 'civilização' descreve a soma integral das realizações e regulamentos que distinguem nossas vidas das de nossos antepassados animais" (1930 [1929], p. 96).

E, ao recapitular o desenvolvimento da humanidade em si mesmo, o indivíduo marca seu aparelho psíquico como traço próprio dele, humano, pois:

uma reflexão mais apurada nos diz que o sentimento do *ego* do adulto não pode ter sido o mesmo desde o início. Deve

> ter passado por um processo de desenvolvimento, que, se não pode ser demonstrado, pode ser construído com um razoável grau de probabilidade. Uma criança recém-nascida ainda não distingue o seu *ego* do mundo externo como fonte das sensações que fluem sobre ela. *Aprende* gradativamente a fazê--lo, reagindo a diversos estímulos. (ibid., p. 75, grifo nosso)

Na mesma direção, mas com o objetivo de precisar uma melhor compreensão psicanalítica do alcoolismo e da importância da ideia de humanidade nesta patologia, limitamos a compreensão do humano ao seu significado mais simples e menor. Embora não existam limites fixos para a noção de 'humano', nem para Freud nem para outros pensadores da psicanálise, cremos firmemente que ela é constituída e produzida ao longo da história do indivíduo e concomitantemente, da espécie humana.

Para chegarmos a essa concepção, adotamos a noção de *continuidade genética*[2] em seu sentido mais abrangente. Sugerimos que esse conceito valha não apenas para o indivíduo, mas para a cultura, e, mais ainda, para a compreensão um pouco mais precisa dos problemas que envolvem o alcoolismo.

Vale dizer, porém, que, ao limitarmos o conceito do humano, temos a convicção de que não estamos dando conta de uma

---

[2] "A expressão 'continuidade genética' possui um importante papel na teoria e na prática psicanalíticas. Trata-se da suposição de que aspectos psicológicos da personalidade no presente têm uma continuidade com estágios precedentes do desenvolvimento psíquico" (Hinshelwood, 1992, p. 270).

essência – não queremos falar delas –, uma vez que sempre admitimos não haver uma essência nem um cerne no humano, mas apreciamos a ideia de que se trata de um projeto em aberto desde o nascimento e que merece muitos anos de nosso trabalho para que o humano venha a ser construído. Esta é a noção a ser adotada ao longo da obra.

Temos enorme apreço pela palavra: acreditamos que ser humano é a única chance concedida ao alcoólatra para vencer sua doença. A patologia é mais um sinal de defesas, muito primárias, contra o sentir-se humano. A experiência de sentir-se assim, sabendo-se incompleto, é, de alguma forma, insuportável para a mente imatura de quem consome o álcool de maneira não recreativa. Ser um indivíduo limitado pela duração de sua existência, pelos acasos, pela capacidade de produzir e conquistar, e, além disso, estar inserido na cultura convivendo com outros humanos é, para o alcoólatra, um limite muito dolorido e severo.

É bom repetir que não estamos apresentando uma conceituação de humano para dar conta do uso abrangente de tal palavra – que não tem limites fixos –, mas propondo uma definição metodológica.

O termo, no transcurso da obra, tem a pretensão de funcionar como uma postura de reflexão psicanalítica e recolhimento ético-ideológico diante da complexa tarefa de identificar as diferentes partes de sua composição. Sabemos que, apesar de algumas vezes a humanidade aparecer em um contexto de desordem e desarmonia, ainda assim, visa facilitar nosso convívio, onde a solidariedade, a dor e a agressividade estão compartilhadas, de modo que todos os humanos sejam levados em conta, e não as ignorem ou pervertam seu uso.

A humanidade da qual falamos é a da imanência, não aquela cujo núcleo é o atraente engano transcendental que propõe inumanidade. Essa a nós não interessa, somente ao alcoólatra e a outros homens que preferem restar de joelhos diante do medo e encontrar uma saída no misticismo ancestral, um tipo de solução que não motiva o cientista.

Pensando a transcendência, no sentido geral, como aquilo que escapa aos limites e franqueia as restrições, e a imanência como o que é contido no interior de certo limite, concebemos o humano como um ser imanente, contido no interior de um corpo limitado, mortal, e, ao mesmo tempo, como um personagem que, para ser criativo e produtor de cultura, só transcenderá seu corpo dentro de certos limites.

Um ser que pode desenvolver, em maior ou menor grau, um aparelho psíquico acoplado à sua corporeidade, mas que não se reduz a ela. Um aparelho que lhe permitirá ter alguma consciência real de si para que possa fazer uma utilização benéfica de seus limites, e não queira senti-los como um mal a ser extirpado.

Usamos a palavra 'humano' para referirmo-nos aos bebês; no entanto é bom lembrarmos que o humano encontra-se apenas embrionariamente naquele pequenino aglomerado de células. Ou seja, utilizamos uma definição metodológica para criar uma distinção que tenta especificar de que forma esse humano constitui-se ao longo de um profundo processo de humanização individual, inserido na cultura, tornando o bebê diferente de um animal irracional, que apresenta características instintuais e sensoriais, mas não tem como desenvolver a linguagem.

Também usamos o termo no sentido de, afortunadamente, poder haver no bebê uma potência biológica e cultural para que se torne, com seu crescimento, um ser mais desenvolvido e com a liberdade de – por estar melhor fincado na cultura – viver a situação de um humano mortal em que prevaleçam as pulsões de vida, mais autônomo, generoso, responsável, e, por tudo isso, menos impulsivo.

Ao conjunto de atributos, funções e características que um ser de nossa espécie constitui, a partir do recém-nascido, por meio de processos de humanização dos quais resulta a construção de um aparelho psíquico gradualmente melhor equipado e uma inclusão crescente no mundo sociocultural e simbólico, nomeamos, então, 'humano'.

Constatamos que esse aparelho, se mais humano, está melhor munido da capacidade de sentir uma atmosfera interna que o ajuda a perceber a complexidade da vida humana e a reconhecer-se como algo valioso, tanto quanto a valorizar o outro e o mundo que observa e compartilha.

Nesse caso, ainda que o humano imanente diminua a pretensão do que cada homem pode atingir, melancolicamente, não restringe suas possibilidades; pelo contrário, é no encalço do bom uso dessas que, de fato, queremos ir.

Consequentemente, uma vida humana, distinta das outras espécies vivas, só pode ser gerada por processos de humanização. São fenômenos sucessivos e interligados de aprimoramento interno na estruturação de uma mente cada vez mais livre da programação animal, fenômenos que, por sua vez, derivam da capacidade de assumir – não apenas racionalmente – o efeito inexorável da imanência.

Não é a autopreservação que torna o ser mais humano ou mais evoluído. Isso sim, é a apreensão não instintual, não sensorial da mortalidade e da dor humana de viver. Para alguém estar no mundo, de modo fraterno, é necessário que respeite sua dor e a morte que, continuamente, manifesta-se na vida. Porém, e ainda assim, é preciso, ao mesmo tempo, estar sem o medo assombroso que emana do terror irreal da morte. Em outras palavras, é imprescindível que se tenha a coragem de realmente ser humano, limitado e mortal.

Ser humano é como dar-se o direito de experimentar o estado de delicada tristeza proveniente da imanência e, por isto, compreender a importância do luto diário obrigatório e o valor de lidar com a verdade e a realidade de uma vida limitada. É conseguir ver a vida tal como é, não só em seus aspectos de restrição.

De outra forma, quem vive a vida no osso do peito, é que pode experimentá-la desde seus traços de dor aos de liberdade, de muita alegria, embora sem euforia. Isto é, quem se dá à vida sem hostilizá-la por ser como ela é, e não como poderia ser, amplia suas chances de bem-estar, porque é capaz de lidar melhor com suas tristezas e criar alternativas para gerar um prazer moderado aqui... outro ali... e outro acolá.

Não é garantia completa, mas sabe-se que, se a cria inicialmente quase humana for acolhida com amor, dedicação e cuidados, recebendo da mãe, do pai e da cultura, noções mais realistas de seu valor e significado, terá se encaminhado para fazer prevalecer o seu humano. Ao receber a oferta de algumas vias de acesso às representações que a sociedade dispõe, ela desenvolve a linguagem na qual se opera uma coalescência[3] favorável entre a agressividade e a libido, em graus variados, e, em decorrência, uma efetiva mobilização dos recursos pulsionais do humano direcionados ao conhecimento, incluindo o pensar e o aprender com a experiência (Bion, 1994).

Para nós, portanto, o humano não é algo dado, natural e autoevidente. Psiquicamente, é constituído apropriando--se e sendo apropriado pelas construções do que chamamos processos de humanização: o sujeito passa a buscar o prazer, sabendo-o restrito ao caminho conduzido pelo princípio da realidade e percebe que é favorável aprender o uso de certas dores, principalmente se estiverem sob o signo do "masoquismo guardião de vida", que ensina a tolerância e ajuda a lidar com a frustração. Ele vê que algumas dores só nos ensinam se forem lentamente ingeridas, calmamente mastigadas e, por fim, digeridas, para alimentar o humano.

---

[3] Coalescência: fusão por crescimento.

É da capacidade para entreter a dor e a tristeza que deriva a beleza da poesia, e é esta, de certa maneira, o que aquelas nos ensinam a apreciar e não a ser ela própria, a beleza da vida humana, um produto do que deva ser negado com um uso salvador do álcool ou das drogas.

Por outro lado, dialeticamente, no interior dos processos de humanização, incluem-se os movimentos de inumanização e desumanização, remotos e ancestrais, perpétuos e implacáveis, arranjando obstáculos de toda sorte. Dizer isso torna desnecessária prova empírica direta. Basta aos olhos buscar à volta e enxergar, de um lado, uma impulsiva brutalidade instintiva, graciosamente oferecida no cotidiano e, de outro, o ato criativo e agradecido. E observar que, seja como for possível justificá-los, não podemos perder de vista que os rastros claros da pulsão de morte e seu corolário, o mundo do negativo, da inexistência e da inumanização psicótica ou pervertida, apressam-se em fazer domínio sobre os homens. Esse é nosso tema. E é, por sinal, o problema que estamos levantando com a questão do inumano *versus* humano, e de como essa inumanidade atinge extensa e intensamente quem bebe.

Sabemos, por meio da psicanálise e por Klein, que, no âmbito psíquico, há uma oposição permanente e ativa, de maior ou menor grandeza e intensidade, representada de várias formas, encenada com vários conteúdos e sob as quais lateja a batalha encarniçada da morte e do morrer contra a vida e o viver. Tais movimentos de humanização *versus* inumanização acabam expressando a amplitude das pulsões destrutivas e predatórias contra as que buscam estabelecer o viver humano temperado no dia a dia. As primeiras exigem roteiros cada vez mais degradados, destacando-se a cena primacial em direção à qual segue o doente do alcoolismo: a transcendência alcoólatra.

Dor infinita a dos que estão sempre de joelhos prostrados, oferecendo-se desesperadamente ao deus álcool, ou ao das outras drogas, para tornarem-se uma prótese de deus!

Definida a transcendência como o contrário da imanência, como aquilo que escapa aos limites e franqueia as restrições, a transcendência alcoólatra busca encontrar um escape, um franqueamento do impulso para a burla, um desdém em relação aos limites humanos, constituindo as metas como delírios e os sonhos como alucinações, que se reafirmam sobre a realidade e prometem produzir uma situação divinal, através de um uso psicorreligioso da alcoolização.

Não é de todo sem importância, entretanto: lembrarmos que o uso dos efeitos psicossomáticos do álcool pode produzir também uma transcendência alcoólica, mais moderada e esporádica, e não um processo que implique necessariamente uma inumanização, desde que se abra para um outro tipo de ética e seja uma ingestão recreativa da bebida alcoólica. Ou seja, por vezes se pode beber com a estrita finalidade de criarmos um ambiente mais agradável, descontraído, mas que não deixa de pretender-se limitado, e com a preocupação de todos continuarem buscando o bem-estar humano no convívio entre os indivíduos.

O uso do álcool deve ser diferenciado do abuso do álcool: beber para brincar, em certa medida, é diferente de beber para enlouquecer e, depois de louco, passar a habitar outro mundo no qual ninguém habita, além do sujeito embebedado de sua *idealcolatria*.

Façamos outra incursão, dessa vez em um assunto um pouco diverso, para retomarmos de outro ângulo o problema da inumanidade: falemos de excelência. O termo, na ética grega, tem quase o sentido de ideal ou de algo ideal. Podemos pensar em excelência como o virtuose, um sujeito que tem a capacidade de realizar de maneira excelente e perfeita a *performance* de determinado instrumento musical. Os filósofos gregos estoicos podem ser um exemplo: diziam que o sábio possuía todas as virtudes, sem, no entanto, existir, pois estava fora do humano. Era um humano que se especializava em não padecer de humanidade, que se aplicava em não sentir a dor humana e que conseguia transcender todas as mazelas da humanidade, supostamente por força de um exercício. Nesse sentido, o estoico era o sábio, o ser virtuoso por excelência e, talvez, o único e verdadeiro buscador do inumano como uma maneira de dar conta da dureza de viver em um extremo da ética, que envolve o despojamento, a dissolução do desejo e a supressão dos limites.

O que nos interessa, todavia, é frisar que a busca estoica era filosófica, e não uma fuga da realidade – apesar de ser um luta aberta contra ela –, e a do alcoólatra tem a pretensão de ser uma destruição da realidade humana, não objetivando constituir ninguém como um tipo de sábio. Entretanto, é preciso que se reconheça, no alcoólatra, uma espécie de sabedoria, a de ser o indivíduo que melhor maneja o instrumento álcool para fazer existir um estado inumano de excelência psicótica, no qual as virtudes e o prazer estejam presentes de maneira incomensurável, sendo seu senhor absoluto, usufruindo-o sem jamais compartilhá-lo. Um homem "de fogo" quase em ebulição, pronto para queimar e passar do deus álcool para o deus fogo, ardendo-se até a morte, sem noção de que a morte deve ser a única e verdadeira lei a ser respeitada.

Assim, queremos enfatizar que toda vez que o *idealcoolista* busca a transcendência alcoólatra entra em estado de *hybris*. É bom que se remarque que o significado da palavra, como vemos nas tragédias gregas, é o de um estado de desmesura, vaidade, orgulho e arrogância, situação em que o sujeito perde a medida de si. Este é o alcoólatra, a presença do inumano que insiste em prevalecer no humano que bebe, aquele que perde a medida de sua humanidade, infla-se de poderes e arde na fogueira do álcool sem conseguir dormir sossegado com sua humanidade. Para fugir do que é, ele desenvolve a crença psicótica de apossar-se de um deus que cria, cultua, venera e domina, mas pelo qual, desafortunadamente, acabará sendo sempre dominado.

Viver em estado de *hybris* alcoólatra é a tragédia de cerca de 30 milhões de brasileiros. Uma imensa população que, no fim da história, pode acabar na loucura, na morte prematura de si ou de outros, provocando incontáveis e dramáticos sofrimentos para familiares, colegas de trabalho e pessoas que, com muito esforço e dedicação, humanizaram-se mais e sofrem diariamente com a violência cruel da *idolalcoolatria*.

Compreender essa trágica epidemia tem sido nosso objetivo e, para isso, desenvolvemos todos os esforços teóricos e clínicos, cujos resultados consubstanciam-se neste livro. Nele, supomos, contribuímos para melhor compreensão da problemática e estendemos o convite para um trabalho perseverante, que consiste em um engajamento na superação possível do crucial confronto entre a humanização e a desumanização, presente não só, mas veementemente, no alcoolismo.

3.

A NECESSIDADE DE FUGA DA CONDIÇÃO HUMANA E O ALCOOLISMO COMO UMA RELIGIÃO DEGRADADA: AFINAL, O QUE É O ALCOOLISMO?

Freud criou a psicanálise fazendo, inicialmente, uma investigação dos entraves à humanização nos processos da patologia histérica, verificando que os sucessivos achados psicanalíticos não poderiam ficar restritos à patologia. Em seu dizer:

> Esse resultado foi ocasionado pela relação da psicanálise com a vida mental normal, não com a patológica. Originalmente, a pesquisa analítica de fato não tinha outro objetivo senão estabelecer os determinantes do desencadeamento (a gênese) de alguns estados mentais mórbidos. No curso de seus esforços, contudo, ela teve êxito em trazer à luz fatos de importância fundamental, criando realmente uma nova psicologia, de modo que se tornou óbvio que a validade de tais achados não poderia se restringir à esfera da patologia. (1924 [1923], p. 230)

No decorrer de sua obra, ele produziu um corpo de conhecimentos relacionado à vida mental normal e à compreensão da conquista da felicidade pelo homem. A relação entre os processos de humanização, a vida mental normal e a felicidade merecerá extensas considerações em O mal-estar da civilização (1930 [1929]).

Nesse trabalho, Freud considera que as dificuldades do homem para a obtenção da felicidade são muitas, sendo algumas de tal forma intransponíveis que "ficamos inclinados a dizer que a intenção de que o homem seja 'feliz' não se acha incluída no plano da 'Criação'" (p. 84).

Para ele, as possibilidades de ser feliz ficam restritas, pela própria natureza do humano, aos propósitos da vida e às variadas ordens de sofrimento: "Assim, nossas possibilidades de felicidade sempre são restringidas por nossa própria constituição. Já a infelicidade é muito menos difícil de experimentar" (p. 84).

Examinando as situações de sofrimento, Freud aponta que:

> O sofrimento nos ameaça a partir de três direções: de nosso próprio corpo, condenado à decadência e à dissolução, e que nem mesmo pode dispensar o sofrimento e a ansiedade como sinais de advertência; do mundo externo, que pode voltar-se contra nós com forças de destruição esmagadoras e impiedosas; e, finalmente, de nossos relacionamentos com os outros homens. (ibid. p. 84-85)

Quanto aos propósitos da vida humana, Freud apresenta uma longa consideração, afirmando:

> Voltar-nos-emos, portanto, para uma questão menos ambiciosa, aquela que se refere àquilo que os próprios homens, por seu comportamento, mostram ser o propósito e a intenção de suas vidas. O que pedem eles da vida e o que desejam nela realizar? A resposta mal pode provocar dúvidas. Esforçam-se para obter felicidade; querem ser felizes e assim permanecer. Essa empresa apresenta dois aspectos: uma meta positiva e uma meta negativa. Por um lado, visa a uma ausência de sofrimento e de desprazer; por outro, à experiência de intensos sentimentos de prazer. Em seu sentido mais restrito, a palavra "felicidade" só se relaciona a esses últimos. Em conformidade a essa dicotomia de objetivos, a atividade do homem se desenvolve em duas direções, segundo busque realizar – de modo geral ou mesmo exclusivamente – um ou outro desses objetivos. Como vemos, o que decide o propósito da vida é simplesmente o programa do princípio do prazer. [...] Não há possibilidade alguma de ele ser executado; todas as normas do universo são-lhe contrárias. (ibid., p. 84)[1]

---

[1] Nesta imagem da impossibilidade da execução do programa do princípio do prazer, Freud ressalta o fato de que, sem nenhuma referência à realidade externa, é irrealizável a existência da vida. Em "Formulações sobre os dois princípios do funcionamento mental" (1911, p. 238), ele afirma que: "Corretamente objetar-se--á que uma organização que fosse escrava do princípio do prazer e negligenciasse a realidade do mundo externo não se poderia manter viva nem mesmo pelo tempo mais breve, de maneira que não poderia ter existido de modo algum".

Com essas palavras em mente, ao estudarmos o alcoolismo, constatamos: sua força reside no fato de que ele propõe felicidade completa ao atingir esses dois objetivos de uma só vez, pois, por meio da transcendência alcoólatra, o indivíduo procura alcançar ausência de sofrimento e de desprazer, experimentando intensos sentimentos de prazer. Assim, ao desprezar as normas do universo, o alcoolismo restringe os propósitos da vida do alcoólatra apenas às suas perenes tentativas de executar o programa do princípio do prazer[2]. É de se lamentar restar ao alcoólatra, uma vez entrelaçado a este tipo de proposta, apenas a possibilidade de abraçar a maior de todas as restrições: a negação do humano.

Em nossa opinião, existem indivíduos particularmente sensíveis aos sofrimentos da vida humana e, por essa razão, torna-se-lhes indispensável a capacidade de desenvolver uma crença delirante na força, na proteção e no prazer ideais, derivados da experiência psicorreligiosa que fazem da ingestão intensificada e sistemática do álcool. Esse é o processo da alquimia dos alcoólatras para negarem-se humanos, uma vez que o uso do álcool como um veículo-deus permite-lhes terem sensações, mas não senti-las; afinal, o sentimento condiz com um contexto psíquico mais raramente alcançado, por ser mais requintado e menos concreto. Tal maneira pervertida de

---

[2] Em nosso modo de ver, o alcance do princípio do prazer no alcoolismo é ampliado por ter sido deficiente a modificação efetuada pela pulsão de vida no princípio do Nirvana, como será visto. Isto é, o desejo de morrer não foi pacificado, mas transformado em uma patologia, sem ter podido receber um espaço de simbolização e significação.

uso do álcool é igualmente viável para atingir esse objetivo: a extirpação daquele "órgão psíquico" que funda os sentimentos humanos. O alcoólatra não quer vivenciar a dor em seus aspectos humanos e simbólicos. Ele tenta fazer com que o sofrimento seja reduzido apenas a uma dor sensorial com a qual ele pode lidar mais facilmente, através do anestésico etanol. Essa dor, desprovida dos significados do sofrer, não tem mais o sentido de humanidade.

Ao se tornar alcoólatra, o indivíduo procura a identificação com um deus onipotente (inumano e desumano, obviamente), criando – a partir dos efeitos ilusórios da transcendência alcoólatra – uma equação simbólica entre a bebida e transformação na divindade: o álcool é igual a, funciona como um deus, assim criado pelo alcoólatra que, no entanto, domina-o e termina por destruí-lo. A criatura do divinizado alcoólatra, o deus Álcool, volta-se contra o criador, mais uma vez.

É interessante observar como o alcoólatra se apossa, esconde e faz da garrafa de bebida, e do efeito psicoativo que ela oferta, uma companhia permanente na realidade ou em seu imaginário. Um tapete mágico alquimista em que com um grande passaporte viaja para o nada.

Por meio da ingestão, não estaria o indivíduo prenhe de propósitos psicorreligiosos para alcançar a felicidade pela identificação com um deus por ele criado e a ele supostamente subordinado, para experimentar o gozo de sentir-se na posse do ideal? Relembramos que o problema bioquímico do alcoólatra também envolve um desejo irrefreável da perda da sanidade.

Não seria o alcoolismo, por conseguinte, antes de mera dependência somática da substância química do álcool, uma crença religiosa degradada?

Outrossim, a maneira reverenciada e cheia de requintes com que a bebida alcoólica é tratada, ao longo da história, disfarça para o alcoólatra seu poder destrutivo e o convida à morte que, em silêncio, insiste em fazer-se presente, prazerosamente, quando não de maneira dramática[3], exigindo dos sujeitos mais humanizados, à sua volta, as providências possíveis.

Freud diz-nos ser indispensável o uso de medidas paliativas para se viver a vida humana, ressaltando: "O serviço prestado pelos veículos intoxicantes na luta pela felicidade e no afastamento da desgraça é tão altamente apreciado como um benefício, que tanto indivíduos quanto povos lhes concederam um lugar permanente na economia de sua libido" (1930 [1929], p. 86).

Esta constatação, por si só, já eleva os veículos intoxicantes a uma posição hierarquicamente superior aos deleites que o humano sem aditivos pode viver. O estado a ser almejado é, como disse Freud, o bem-estar, e é bom que se diga que, dentre as alternativas capazes de oferecer-nos prazerosos estados alterados de consciência, a bebida alcoólica passou a receber, em muitas situações, um *status* de "santificação" pelo destaque altamente generoso dado a ela por indivíduos e povos.

---

[3] Em 1998, por exemplo, uma pesquisa feita por especialistas da Universidade de São Paulo e do Instituto Médico Legal de São Paulo mostrou que, entre 5700 pessoas que morreram de causas não naturais na Grande São Paulo, 48% estavam sob o efeito do álcool (*Revista Veja*, 28 maio 1999).

Veja-se, por exemplo, o costume do bebedor que entorna um pouco da bebida alcoólica no chão e diz: "Esta daqui é para o santo!". Note-se que a frase, ainda que deslocada de contexto, pertence e é comum, dessa ou de outra forma, a alguns cultos de seitas religiosas.

O deus Álcool, ser ideal de beleza e sedução, volátil, etéreo, oferece-se aos homens como ícone de *savoir vivre*, distinção, elegância, aprimoramento e excelência. Daí, nada incomum depararmo-nos com indivíduos dedicados intensamente a ofe-rendas para essa entidade, também reverenciada nas garrafas exuberantemente expostas em prateleiras/altares nos bares/templos de cada esquina.

Do mesmo modo, essa veneração solene expressa-se com primor nas adoráveis práticas de degustação, na valorização das adegas climatizadas, nas referências carregadas de sentido de preciosidade às especiais safras de produção e na presença indispensável em diversos eventos sociais e até de cunho religioso, como batizados, ceias de Natal, cerimônias de casa-mento etc. O que dizer para um alcoólatra sobre o vinho de um cálice sagrado?

Para o sutil condutor alcoólatra, até essa imagem pode ter seu significado deturpado na alquimia transformadora do álcool em deus, não sendo poucas as ladainhas feitas por ele para este deus, que o conduziria, célere e ainda nesta vida, ao paraíso de um outro mundo de excelência inumana.

"O que você quer beber?" A pergunta refere-se às situações que apontam para um bom e natural consumo, mas, de algum modo, indica que se deseja excitar o consumo social do álcool. O convite parece estar ligado a um objetivo farmacológico e medicamentoso, que pode não apenas favorecer o uso recreativo, mas induzir a uma prescrição alienante para lidar com a angústia que, em maior ou menor grau, todo ser humano traz consigo e com o mundo, e que é muito mais intensa nos indivíduos propensos ao alcoolismo. O álcool-dependente (ou, mais precisamente, o *idealcoolista* que se encontra no estado alcoólatra) é presa fácil de uma realidade convidativa ao consumo da bebida, armadilha que lhe é geralmente fatal.

Se, como visto, o recurso a medidas paliativas é tão indispensável para a vida, pois "a vida, tal como a encontramos, é árdua demais para nós; proporciona-nos muitos sofrimentos, decepções e tarefas impossíveis" (1930 [1929], p. 83), podemos cogitar que todo humano é potencialmente um (ideal) alcoolista.

Nesse sentido, a absorvente valorização do álcool, disseminada na cultura e presente na sociedade em diferentes formas do convívio social, sobretudo por sua maciça e glamorosa divulgação na mídia[4], pode estimular condições para uma perversão na ingestão alcoólica, que se pode transformar em ingestão alcoólatra, passando-se da finalidade de induzir uma relação agradável entre os indivíduos para um tipo de relação que pode ser considerada psicótica, em que a descontração cede

---

[4] Como sabemos, a própria publicidade glamorosa e sem restrições pode ser tóxica e ter funções embriagantes.

lugar ao culto da excitação bruta sem significação, trazendo novamente à tona o inumano esmagador.

É Freud que nos afirma ainda:

> Concede-se especial importância ao caso em que a tentativa de obter uma certeza de felicidade e uma proteção contra o sofrimento através de um *remodelamento delirante da realidade é efetuada em comum por um considerável número de pessoas*. As religiões da humanidade devem ser classificadas entre os delírios de massa desse tipo. É desnecessário dizer que todo aquele que partilha um delírio jamais o reconhece como tal. (ibid., p. 89, grifo nosso)

Não seria este o notável procedimento daqueles *idealcoolistas* que já progrediram para estados alcoólatras inerentes às suas alcoolizações e que não conseguem reconhecer o seu delírio como tal? E quanto ao termo 'religião', como pode ser considerado?

Em uma primeira aproximação, tomemos o que Fries (1970), professor de teologia fundamental da Universidade de Munique, apresenta: "A etimologia da palavra *religio* não é clara: oscila entre *religare* (ligar-se), *relegere* (prestar particular atenção a uma coisa) e *reeligere* (eleger de novo)" (p. 31).

Não poderiam estes significados serem aplicados à relação do alcoólatra com a bebida, uma vez que ele se liga, sempre elege e presta particular atenção ao uso dos efeitos da transcendência alcoólatra produzida nas suas alcoolizações?

Tal modo de funcionamento mostra-nos que há disponível, nos níveis profundos da mente, a tendência de resolver uma dificuldade desprezando-a, negando-a e usando vias que alteram o estado de consciência para se afastar da realidade humana, sem se envolver com uma situação não desejada.

A mesma obra cita:

> A religião se altera e se falsifica por causa do modo pelo qual se cumprem ou se multiplicam excessivamente os diversos atos religiosos [...] e que isso acontece quando o homem se coloca a si mesmo como razão última de si, em lugar da transcendência, ou eleva a tal posição algo que o mundo possui ou contém. (ibid., p. 34)

Pensamos não haver imprecisão ao se considerar que o alcoólatra, colocando-se como razão última de si, em virtude do seu narcisismo desmedido, elevando algo que o mundo possui – o álcool – a uma tal posição de divindade e fazendo da sua alcoolização uma transcendência alcoólatra para obter o ideal, concebe práticas religiosas degradadas, pervertendo a natureza da religião: ele apodera-se do divino e simula sua existência no álcool, enquanto bebe.

A aparência religiosa do alcoólatra é de difícil reconhecimento e sua relação com o álcool produz efeitos mágicos, obscuros até para as pessoas de senso comum: sob a aparência de religião, esta destrói-se e degenera-se em magia. Sem dúvida, tal caricatura da religião nada tem a ver com a essência da religião, e a essência da religião certamente não consiste em sua caricatura.

O alcoolismo, considerado como prática religiosa degradada de adoração ao deus Álcool, produz a posse mágica de poderes ilimitados e pode, por este ângulo, ser aceito como uma caricatura de religião, mas que opera com eficácia para um número desafortunadamente considerável de indivíduos, como se de fato assim o fosse. Uma religião *idealcoólica* que, no entanto, visa apenas encobrir o sagrado com um ativo delírio de salvação e não construir uma relação com o sagrado, apoiada na verdade e na fé de caráter iconoclasta[5], menos ainda com a beleza e a bondade, tanto do objeto quanto da própria humanidade.

Em outro dicionário, agora de filosofia, Ferrater-Mora (1984) apresenta duas interpretações etimológicas para religião:

> Dos interpretaciones etimológicas suelen darse de "religión". Según una, "religión" procede de religio, voz relacionada con la religatio, que es la sustantivación de religare (=religar>>, <<vincular>>, <<atar>>). Según otra – apoyada en una cita de Cicerón, De off., II, 3 – el término decisivo es religious, que es lo mismo que religiens y que significa lo contrario de negligens. En la primera interpretación lo propio de la religión es la subordinación y vinculación, a la divinidad; ser

---

[5] Iconoclasta (adj e s m+f -gr *eikonoklástes*) no sentido de uma ausência de ídolos por estarem os ídolos destruídos.

religioso es estar religado a Dios. En la segunda interpretación, ser religioso es lo mismo que tener escrúpulos, esto es, escrupuloso en el cumplimiento de los deberes que se imponen al ciudadano en el culto a los dioses del Estado-Ciudad. En la primera interpretación se acentúa la dependencia del hombre con respeto a la divinidad, aun cuando lo concepto de religación puede entenderse de varios modos: como vinculación del hombre a Dios o como unión de varios individuos para el cumplimiento de ritos religiosos. (p. 2834)

O autor aponta o perigo da separação entre a religião, a moral e a fé, e diz: *"cuando la moral se sacrifica por entero a la fe, se cae en el peligro de destruir La universalidad del orden moral y de separar por completo la moral de la fe"* (p. 2834).

Essas duas interpretações etimológicas confirmam o que já foi visto quanto ao que é específico da religião, quando a entendemos como submissão a um Criador: subordinação, vinculação à divindade, estar-se *religado* a um deus, sendo escrupuloso com relação às coisas da divindade.

Assim é a religiosidade do alcoólatra, que permanece sempre mobilizado em relação ao momento da chegada da próxima ingestão alcoólatra mostrando-se religiosamente ligado e religado ao álcool como a um deus, ao mesmo tempo ele tem, por inteiro, seu aparelho psíquico escrupulosamente entretido pela divindade equacionada ao álcool, alcoolizado ou não. Aqui, a fé dá lugar à idolatria, uma vez que o "Deus" deu lugar ao ídolo, que quer para si mais, sempre mais.

A separação operada pelo alcoólatra entre a fé e a moral não alcoólatra, e entre a fé e a ética, é outro ponto a ser examinado. Nesse aspecto, o alcoolismo desenvolve no indivíduo uma ruptura entre a fé, a moral não alcoólatra e a ética. E, em virtude dessa cisão, o senso comum encontra dificuldades para reconhecer o caráter religioso degenerado do *idealcoolismo*, pois, à noção do religioso, quase sempre se associa uma ideia de dedicação à boa santidade e ao bom sagrado. O alcoólatra, entretanto, ensina-nos o quanto uma divindade pode ser um mal sagrado, má, calculista, crua e cruel, capaz de exigir do indivíduo o sacrifício da própria vida para demonstrar que essa vida não lhe pertence, mas sim a ela.

Pacto de morte, o diabo está disfarçando-se em deus!

Consequentemente, fica-nos muito difícil ignorar que, se o alcoólatra tem uma fé inabalável no estado ideal, alcançado como resultado do seu ato religioso de esticar a mão para alcançar a garrafa que contém a substância incorporal ideal e divina, usando a boca para usufruir a falsa onipotência oferecida pela ingestão, a moral não alcoólatra e a ética não são passíveis de qualquer tipo de consideração: o que está em jogo é apenas a necessidade crucial de alcoolizar-se para compensar a ausência de divindade em si próprio.

É isso que impulsiona o alcoólatra a agir independentemente do bem ou do mal (a serviço do princípio de prazer, mesclado ao princípio de Nirvana, *vide* capítulo 10), perdido no desvario da ação alcoólatra, para em seguida impor, dessa maneira, uma conduta quase amoral, com a qual ele se afasta da dor humana e da amargura submetida às pessoas que o rodeiam. Uma vez alcoolizado, ele está no alto, no topo, acima da moral dos humanos; nas nuvens, nos braços afáveis do ideal mortífero, fora da lei, fora do âmbito do pai (ou, talvez, fora do âmbito onde o pai possua qualquer tipo de jurisdição sobre a mãe).

Lembramos que a adequação dos atos do indivíduo bêbado não passa pelo outro nem pela consideração por este, pois ela existe apenas ao deus que supõe ter criado e ao qual é fiel; não havendo nada no outro a reconhecer senão um convite ao escape, fugindo dele no "deus engarrafado"[6].

No delírio provocado pela crença inconsciente nos efeitos da alcoolização, o alcoólatra fica em tal estado de ingestão de inumanidade que não tem compreensão sobre quaisquer observações feitas pelo outro humano quanto à moralidade ou imoralidade dos seus atos.

Entendemos que o alcoolismo exclui a auto-observação. Perpetra sua substituição por uma ordem psicótica: "beba, beba sempre, sempre e sem pensar", para, tanto quanto uma religião degenerada, obrigar o crente sofredor a realizar todos seus rituais, os quais o transformam em objeto sujeito a uma falsa divindade, como única possibilidade de obter algum consolo e prazer.

---

[6] O poeta Vinicius de Moraes já nos havia brindado com uma formulação próxima, muito conhecida popularmente como um de seus chistes: "O uísque é o melhor amigo do homem. O uísque é o cachorro engarrafado".

Citamos Freud (1930 [1929]):

> Existem, como dissemos, muitos caminhos que podem levar à
> felicidade passível de ser atingida pelos homens, mas nenhum
> que o faça feliz com toda segurança. Mesmo a religião não
> consegue manter sua promessa. Se, finalmente, o crente se
> vê obrigado a falar dos "desígnios inescrutáveis" de Deus,
> está admitindo que tudo que lhe sobrou, como último con-
> solo e fonte de prazer possíveis em seu sofrimento, foi uma
> submissão incondicional. (p. 92)

Consequentemente, é impossível ao alcoólatra falar dos desígnios inescrutáveis de Deus, visto que possui poderosa fé – maior que a usual por tratar-se de fé inconsciente – que lhe permite apossar-se dos atributos divinos ao alcoolizar-se e, em comunhão carnal com a divindade, gozar no interior do refúgio da organização patológica[7], local em que ele e seu deus, indistintamente, aninham-se.

Como afirma Mello Franco Filho (1975), psicanalista membro da Sociedade Brasileira de Psicanálise de São Paulo[8]:

> O homem se aproxima de Deus quando admite que não pode
> ser Deus e aceita essa condição sem rancor, o que significa

---

[7] Ver capítulo 9.

[8] Relato apresentado no 26º Congresso Latino-americano de Psicanálise, como parte do painel "Psicanálise, cultura, filosofias e espiritualidade", em Lima (Peru).

> tomar consciência de sua natureza. A partir dessa diferença surge a possibilidade do diálogo. Assim também, o diálogo com os pais introjetados só se dá após estar ultrapassada a pretensão narcísica de negar-lhes o poder criador. (p. 120)

Concluímos o capítulo, afirmando: tudo o que resta da religiosidade degradada assumida pelo alcoólatra é um processo de submissão incondicional ao deus Álcool, cioso, implacável e tacanho, assemelhado ao deus Apolo do complexo de Édipo: "[...] nada pode ser obstáculo à determinação dos Deuses onipotentes [...] que estão determinados a triunfar sobre a compaixão e a compreensão humanas" (Brenan, 1985, p. 260-261).

O resultado, quando não a morte, é o exílio em uma inumanidade dominadora e em uma desumanidade cruel, condição que impõe ao indivíduo tanto desconhecer como não experimentar as múltiplas possibilidades de amor e fraternidade oferecidas pela cultura humana.

4.

O ALCOOLISMO COMO UM SISTEMA DE BUSCA RELIGIOSA DO IDEAL: A AUSÊNCIA DE PAI E A NECESSIDADE DE UM PAI PODEROSO

Provavelmente, a maior dificuldade do *idealcoolista* é que ele, sendo humano, não quer e não gosta de sua humanidade inerente. Para suportá-la, necessita ingerir o álcool que, em seu delírio alquimista inconsciente, transforma em um "corpo incorporal – substância ideal"[1], capaz de torná-lo incólume aos sofrimentos associados ao desamparo humano.

Ao refletir sobre essa difícil humanização, servimo-nos de uma comparação com o homem comum. Talvez por isso, falamos de um humano mais real, um ser desamparado, incompleto, sujeito a limites espaçotemporais, físicos e psíquicos e, o mais complexo, exposto a uma violência proveniente do instinto destrutivo predatório que o habita desde o nascimento. Este ser é o mesmo que produz cultura para enfrentar os árduos aspectos da vida, como nos apresenta Freud (1930 [1929]):

---

[1] Ver próximo capítulo.

> A vida, tal como a encontramos, é árdua demais para nós; proporciona-nos muitos sofrimentos, decepções e tarefas impossíveis. A fim de suportá-la, não podemos dispensar as medidas paliativas. "Não podemos passar sem construções auxiliares", diz-nos Theodor Fontane. Existem talvez três medidas desse tipo: derivativos poderosos, que nos fazem extrair luz de nossa desgraça; satisfações substitutivas, que a diminuem; *e substâncias tóxicas, que nos tornam insensíveis a ela.* Algo desse tipo é indispensável. (p. 83, grifo nosso)

No contexto destas medidas ou construções auxiliares e, talvez, em acréscimo a elas, acreditamos haver uma aproximação entre o alcoolismo e a busca por uma religiosidade que rotulamos "degradada".

Seria possível pensarmos no poder intoxicante de uma fé, especialmente se ela tiver como origem o próprio objeto intoxicante? Conseguiríamos observar e quantificar os efeitos narcóticos da fé nos narcóticos, e chamar de fé os estados de adicção compulsiva ao álcool?

Ao estudarmos as ações compulsivas, demo-nos conta de que há um fracasso na evolução da função paterna do indivíduo, ou uma falha grave daquilo que pode representar o freio humano. Sua ausência, com força suficiente para deter o avanço dos atos sem pensamento e da propensão à simbiose, tão característica do alcoólatra, favorece a compulsão.

Não deveríamos, por isto, perguntar-nos se o alcoólatra empreende a busca idealizada de um Pai Poderoso que o acalma, por este torná-lo insensível aos sofrimentos e à desgraça? Essa seria uma boa razão pela qual o indivíduo obrigar-se-ia a beber sem rédeas, comutando as bebedeiras em uma celebração da crença em um deus Pai Poderoso?

Uma criança sem destino não agiria assim? O alcoólatra não seria essa criança, movida por desejos inconscientes de imunizar-se de si e de seu âmbito psíquico consciente, faltando para ela a mínima possibilidade de ser pai de si mesma? O alcoólatra não tenta criar um estado de delírio religioso, que torna sua vida mais possível, por encontrar Pai-Proteção na intoxicação alcoólatra?

Notemos que o infantilismo é um traço de observação nítida e evidenciada em todo alcoólatra, como já assinalava Freud, em 1904:

> O homem adulto passa a se comportar cada vez mais como uma criança que encontra prazer tendo à sua disposição, livremente, o curso de seus pensamentos, sem se submeter à compulsão da lógica, dando ao alcoolismo as características de processos psíquicos regressivos em direção à satisfação das necessidades infantis mais primárias. (p. 18)

Dentre tais necessidades, desponta não apenas a psicológica da presença de um pai protetor, exemplo de força e modelo masculino, mas um pai que não abandone a criança à mãe, que dela a destaque e que, agindo com sua função paterna mais localizada, proteja, oriente e dê forças para que ela enfrente a vida, oferecendo também a própria imagem como um modo de acolher a ilusão religiosa da existência de um ser-pai oceânico e abrangente que dê conta de nosso ser.

Freud (1930 [1929]) assinala:

> *Não consigo pensar em nenhuma necessidade da infância tão intensa quanto à da proteção de um pai.* Dessa maneira, o papel desempenhado pelo sentimento oceânico, que poderia buscar algo como a restauração do narcisismo ilimitado, é deslocado de um lugar em primeiro plano. A origem da atitude religiosa pode ser remontada, em linhas muito claras, até o sentimento de desamparo infantil. Pode haver algo mais por trás disso, mas, presentemente, ainda está envolto em obscuridade. (p. 81, grifo nosso)

Pensamos que, em primeiro lugar, no *idealcoolismo* esses contundentes anseios e desejos pelo pai expressam-se e, em segundo, que se trata de uma mescla de aspectos psicológicos e ideais culturais, associando-se a um delírio fundador de uma seita profana que proclama o álcool com um deus.

No *idealcoolismo*, venera-se o desejo de uma situação em que o próprio sujeito gere a si mesmo como um pai criador, inumanamente poderoso, um sujeito que cria um deus como sua própria criatura para aniquilar o intenso abandono em que se vê e o vínculo com o mundo dos desprezíveis mortais, ao redor.

É Freud (1927) que escreve:

IDEALCOOLISMO: UM OLHAR PSICANALÍTICO SOBRE O ALCOOLISMO

Devemos perguntar onde reside a força interior dessas doutrinas e a que devem sua eficácia, independente, como é, do reconhecimento pela razão. Acho que preparamos suficientemente o caminho para uma resposta a ambas as perguntas. Ela será encontrada se voltarmos nossa atenção para a origem psíquica das ideias religiosas. Estas, proclamadas como ensinamentos, não constituem precipitados de experiência ou resultados finais de pensamento: são ilusões, realizações dos mais antigos, fortes e prementes desejos da humanidade. O segredo de sua força reside na força desses desejos. Como já sabemos, a impressão terrificante de desamparo na infância despertou a necessidade de proteção – de proteção através do amor –, a qual foi proporcionada pelo pai; o reconhecimento de que esse desamparo perdura através da vida tornou necessário aferrar-se à existência de um pai, dessa vez, porém, *um pai mais poderoso*. (p. 38-39, grifo nosso)

Por um novo ângulo, o significado da palavra alcoólatra, "aquele que se submete, cultua e adora o álcool", pode ser visto com o álcool igualado ao "pai mais poderoso" – ao qual se refere Freud. A relação entre o álcool, a religiosidade e as consolações narcóticas é apresentada, quando afirma:

Que o efeito das consolações religiosas pode ser assemelhado ao de um narcótico é fato bem ilustrado pelo que está acontecendo nos Estados Unidos. Lá estão tentando agora – claro que sob a influência de um domínio feminista – privar o povo de todos os estimulantes, intoxicantes e outras substâncias produtoras de prazer, e, em vez delas, a título de compensação, *empanturram-no de devoção*. (p. 56-57, grifo nosso)

Assim, sugerimos que o sentido religioso do *idealcoolismo* pode ser, às avessas, empiricamente comprovado ao observarmos o programa de AA – Alcoólicos Anônimos (cujos serviços prestados têm sido importantes na recuperação de alcoólatras em todo o mundo), consubstanciado em doze passos[2] que conclamam seus membros à entrega de suas vidas a um Deus Pai – Poder Superior.

Terapias psicológicas baseadas nestes doze passos, clínicas psiquiátricas de internação para alcoólatras que os adotam (no Brasil, 95% das clínicas e comunidades terapêuticas seguem este programa, segundo Ronaldo Laranjeira, coordenador da Unidade de Pesquisa em Álcool e Drogas da Universidade Federal de São Paulo – *Revista da Folha*, 20 de abril de 2008, p. 13), o ingresso de alcoólatras em igrejas evangélicas são outras medidas extensamente adotadas no campo do *idealcoolismo*, na tentativa de recuperação do *idealcoolista*/alcoólatra.

Entretanto, convém relembrar que o alcoólatra, em sua caminhada pela religiosidade, perverte o sentido religioso do

---

[2] Detivemos um olhar psicanalítico mais detalhado sobre este programa no capítulo 12.

crente, uma vez que ele não quer apenas a proteção de um Deus Pai Onipotente, mas transformar-se no próprio.

Uma importante contribuição para a compreensão do papel do pai no alcoolismo é-nos dada por Ramos (2004, p. 669). Após o exame de diversas teorias relativas ao estado de adicção a drogas (oralidade, relações maníacas, perversões), ele afirma que: "Considerando-se a contribuição lacaniana na qual a mãe apresenta o pai, e pensando no universo dos dependentes químicos, o que proponho é que há pais que não querem ou não podem ser apresentados, mantendo-se afetivamente distantes dos filhos". E que: "Essa concorrência favoreceria a perpetuação da simbiose, terreno propício para o desenvolvimento futuro da dependência química".

Assinalaremos repetidas vezes ao longo do livro que o *idealcoolismo* vai além de práticas de dependência química e de conduta psicológica aditiva; ele configura um sistema de crenças na possibilidade ilusória de identificação com um álcool-Pai Superior, um Pai que, onipotentemente, retirará o indivíduo da insuportável condição humana, conduzindo-o ao ideal.

Encerramos o tópico com Freud (1927):

> Se você quiser expulsar a religião de nossa civilização europeia, só poderá fazê-lo *através de outro sistema de doutrinas, e esse sistema desde o início assumiria todas as características psicológicas da religião* – a mesma santidade, rigidez e intolerância, a mesma proibição do pensamento – para sua própria defesa. (p. 59, grifo nosso).

Que tal a troca da ânsia por um Pai Superior pelo anseio de um Poder Superior libertário, sem rigidez e intolerância, como propõe o AA?

As crenças e práticas do alcoólatra, portanto, são preceitos religiosos para que ele realize seu desejo de ser um Pai Superior, como aquele pai divino que mora dentro do álcool e assim, mais uma vez, tenta encontrar um pai na transcendência alcoólatra, o manto que protege o louco, e não o homem que protege o filho.

5.

O ÁLCOOL: CORPO INCORPORAL – SUBSTÂNCIA IDEAL

Ao observarmos as frequentes e, por vezes, permanentes alcoolizações do indivíduo que se tornou alcoólatra, levantamos uma suspeita: além do estado alcoólatra exercer sua poderosa atração por franquear limites de toda ordem, o álcool pode não ser para os alcoólatras apenas o que é para as pessoas em geral.

Então, perguntamo-nos: para esse tipo de indivíduo, o alcoolismo estabelecer-se-ia e residiria em algum ponto dentro do álcool, e esse poderia não ser o próprio álcool? Nesse caso, o indivíduo não padeceria só do álcool, mas também de psiquismo?

Poderíamos admitir, apenas por hipótese, que o elemento explosivo, revelado na voracidade compulsiva por beber, está na mistura entre a mente e o álcool?

Ao trabalharmos para responder estas questões, verificamos que a confusão começa na relação entre um determinado tipo de mente, o uso feito por ela dos efeitos psicossomáticos do álcool e a cultura.

Ou seja, nossa hipótese aposta que é a mente montada no modelo oral e masoquista, com escassez de pensamentos e prazerosamente autodestrutiva, aquela que propicia, proporciona e promove o alcoolismo. É uma mente assim que favorece a adicção à ingestão, isto é, ela é que constitui o vício de sugar pela boca o prazer e a punição desse mesmo prazer.

Simultaneamente – queremos frisar – essa forma de funcionamento do aparelho psíquico está, inevitavelmente, inserida na cultura. O fato força o indivíduo a recolher determinados ideais culturais para estabelecer as bases de sua crença cega em um deus que, para ele, é o álcool, de tal forma que, com tal patologia, ele passa a aceitar cada vez menos seu psiquismo humano. O alcoólatra, em última instância, quer que sua mente só exista após o uso que faz da bebida, ou seja, ele almeja uma mente inumana, poderosa e onisciente. É por essa razão que no alcoolismo a ingestão do álcool confunde-se com a ingestão religiosa de uma divindade.

Esta relação entre o psíquico e a religiosidade ocorre na mente imatura, carregada de angústia, intensa culpa persecutória e com acentuados conteúdos mágicos e místicos, ou seja, na mente do alcoólatra.

A imaturidade faz com que o indivíduo busque, em primeiro lugar, para aplacar suas intensas angústias de sobrevivência, algo que gere uma absorvente vida por meio de um acréscimo nas excitações endógenas psicossomáticas e o imunize contra a morte. O alcoólatra se dá conta, inconscientemente, de que algo assim não se encontra neste mundo onde vivemos, que é, para ele, um mundo inseguro demais, limitado demais e carregado de ameaças de aniquilação. Supõe que essa alguma coisa é imprescindível para sua sobrevivência, mas que, certamente, está além dele próprio e da bebida.

O uso dos efeitos da bebida parece funcionar assim, caso contrário:

Por que o alcoólatra é incapaz de parar, quando começa a beber, como fosse aparentemente tomado pelo álcool?

O que há de tão indispensável no álcool para ele não deixar sobrar bebida no copo, nem mesmo uma pequena quantidade?

Por que a rapidez na ingestão, como se houvesse necessidade premente de transformar-se para alterar de imediato seu estado psicológico?

Por que sorve indiscriminadamente a bebida alcoólica (e até o álcool destinado à limpeza ou outras finalidades), alheio ao sabor, temperatura, procedência, safra etc., bastando que, com a avidez de um desejo incontrolável, contenha álcool?

Por que a ingestão tem sempre a tendência de gerar ou manter um estado de embriaguez, como se este fosse vital e proporcionasse distância do efeito que a realidade exerce, travestindo-se de filtro do real?

Após algum tempo com nosso analisando, em trabalho psicanalítico, verificamos que, em sua premente urgência em sobreviver, revela-se nitidamente um desejo de não ser (ver caso clínico, capítulo 1) e de fazer disto uma religião, na qual existe um religioso adorador de um deus que prescreve exclusivamente ligar-se a ele para ser retirado da condição humana.

Ou seja, morrer para o que se é (humano) e não apenas deixar de ser o que é (em sua imaturidade inumana).

Como se o bebedor patológico construísse um laço de apaixonamento, de amor adoecido entre si e o álcool para extinguir sua humanidade: morrer para viver (novamente, ver capítulo 1). Ou, o que é a mesma coisa, como se houvesse nesse indivíduo a fantasia inconsciente de transformar-se em prótese de deus como o antídoto mais eficiente contra a morte e essa paixão fosse o bastante para que seu beber religioso conseguisse essa alienação.

Uma vez vinculado ao álcool para sobreviver, o homem perde de vista o significado do outro e o foco narcísico desloca-se estritamente para o vínculo da necessidade do álcool, pois ele não possui mais estoque suficiente de amor-próprio para sua autopreservação.

A ingestão de álcool torna-se uma disciplina vital para o indivíduo, incorporando-se ao mundo obsessivo de sua religião fanática, e ele se aferra ao álcool como a um ritual próximo da neurose obsessiva, transformando-se em um bebedor que pratica cerimônias.

Em seus rituais, o alcoólatra pratica atos que serão julgados e punidos por seu *superego* cruel e violento. Isso nos faz crer que ele encontra prazer nessa punição, porque é ela que o conduzirá a novas alcoolizações e situações nirvanescas de ausência de sofrimento. Essas situações educam e fortalecem sua fé na voz interior: "Beba! A vida e as realidades humanas não valem a pena! São apenas sofrimento, angústias e aflições!".

É por este caráter punitivo, pedagógico e autodidático, manifestado no alcoolismo, que apostamos no seguinte: o alcoólatra busca deus dentro do álcool para destruir a si próprio e punir-se, aliviando-se da culpa que o persegue. Ao produzir esse deus, ele encontra sua divindade e usa-o para tornar-se seu vassalo, submetendo-se a um senhor poderoso, mortífero e possessivo, até que o leve à morte ou à loucura, à execração pública, à desonra e à desmoralização.

Destarte, queremos supor que existe algo ligado à culpa persecutória e aos castigos que, nas alcoolizações do alcoólatra, adquire outro significado. Como se uma relação erótica de tipo sadomasoquista, ou de um enamoramento pela punição e pelos atos que levam até ela, estivessem sempre prontos para fazer o sujeito viver sem pensar. O superego pune, mas não corrige nem proíbe; o *ego* sofre, mas não renuncia nem protesta; e o *id* satisfaz-se, ficando obeso na obscenidade da própria insaciabilidade da inumanidade de seus desejos.

Em nossa observação metódica das coisas simples da vida do alcoólatra, notamos que ele é adepto da alcoolatria que, em outras palavras, é uma crença psicótica governada por seus impulsos eróticos de sadomasoquismo.

Esse conjunto de coisas permite-nos dizer que, para o alcoólatra, a bebida tem outra função que não essa, restrita ao embriagar-se. Para ele, ficar intoxicado é apenas parte da complexa operação psíquica que envolve o bebedor compulsivo e o faz ingerir forças para destruir a possibilidade de ser o humano que é.

Poderíamos supor que ele está ingerindo essas forças para sentir-se como um deus que, contudo, surge em sua forma mais primária, brutal e louca de ídolo. Essa idolatria o torna incapaz de parar de fazê-lo, porque a religiosidade arcaica da sua ingestão é impositiva, como se o alcoólatra fosse, aparentemente, tomado pelo poder que esse ídolo-deus tem sobre ele e sobre o ato de beber.

A observação atenta indica que é deus, como um ídolo, o que ele bebe. E, por isso, o alcoólatra está avassalado pelo líquido, que se transforma em divino. É esse o fogo divino que incendeia a mente, tirando-o deste mundo: "Ele está de fogo". É o deus que impõe ser ingerido e transportado para dentro do organismo, onde cresce e toma forma de uma divindade alcoólatra diabólica. E, assim decaído, o sujeito alcooliza-se mais e mais. Bebe rapidamente, como se houvesse premência na sua transformação em algo diferente daquilo que é, dando claros sinais de mudança, imediatamente após a ingestão das primeiras doses, alterando seu estado psicológico por meio da bebida.

Deus álcool: saciação que diviniza, com a avidez de um desejo incontrolável, esbarrado em um tipo de vínculo "erótico--religioso" com o beber e a bebida.

A ingestão da bebida pelo alcoólatra tem sempre a tendência de gerar ou manter um estado de embriaguez, ou um estado de lucidez alcoólatra, vivida como se fosse indispensável e, como um autêntico filtro, proporcionasse uma distância do efeito desestabilizante da realidade. Na verdade, poderíamos supor que o bebedor compulsivo seja um viciado na loucura que o álcool provoca, por privar do acesso a si mesmo e às verdades do mundo. O álcool é fuga da realidade, o que, de modo estranho e extremo, interrompe os processos ligados à preservação e provoca uma autodestruição anestesiada.

Para nós, o poder químico que a droga tem sobre o alcoolizado é secundária ao poder psicológico e cerimonial que se lhe impõe a seita, esclarecendo um tanto mais aquilo que o alcoólatra pretende com o uso dos efeitos do álcool: acesso e submissão irrestritos ao deus Álcool e seus desejos.

Assim sendo, a construção de uma seita com fundamentos retirados de ideais culturais faz-nos crer que o álcool não é apenas uma substância química; é uma fonte de loucura e de degradação, disfarçada de doença orgânica sem influência do psíquico e expressa na sociedade contemporânea como uma religião clandestina.

Poderia a psique misturada, amalgamada, associada e projetada nas substâncias que compõe a bebida alcoólica ser vista como responsável por detonar um estado mental usualmente encoberto pela relação com o químico?

O fiel ao álcool não estaria buscando um corpo incorporal no álcool, o que com frequência passa despercebido e é desconsiderado no tratamento do alcoolismo?

Temos algo além de um vício num elemento químico. O que o alcoólatra busca está além da última gota da garrafa: é a poderosa gota que nunca acaba de escorrer e espera por ser ingerida.

O que o álcool significa para o alcoólatra? De fato, temos plena certeza de que é exclusivamente ele, como substância química intoxicante, que sustenta o alcoolismo?

A situação de devoção – desmedida –, em relação a uma divindade idolatrada, cria outro tipo de cerimônia peculiar, que é a transcendência alcoólatra. Por sua vez, essa é gerada a partir da equação simbólica entre a bebida e a divindade, isto é, o álcool serve como transporte ou veículo e pode também, por isto, ser equiparado ou igualado a uma essência dessa divindade. É o que o deus Álcool oferece ao alcoólatra: a igualdade ao ideal de ser de outro mundo que não o humano.

O lema do alcoólatra diz: "Beba, que você pode tornar-se um deus também!".

Em toda mente alcoólatra, há pensamentos delirantes advogando em favor da ideia de que a condição humana é demasiadamente depressiva. Tal premissa, pautada em uma visada melancólica, exigiria do alcoólatra uma responsabilidade insuportável, repleta de encargos e limitações, causadora de inibições profundas das próprias percepções, ajudando-o a acessar a rejeitada vida real.

Comungando o próprio deus Álcool nos "bares" do mundo, o alcoólatra anseia avançar com todos os fiéis dessa seita idealcoólica, celeremente, mais e mais, sem deixar sobras do néctar secreto da bebida, transformada em um "corpo incorporal-substância ideal", transporte que conduz à vida plena, indiscriminada e ilimitada.

Como dissemos, o alcoólatra deseja alcançar, bebendo, um estado mental que o livre das dores comuns e próprias da condição humana. Mas o que ele bebe não é somente um líquido; o que faz é uma comunhão psicótica com uma poderosa substância divinizada. Ela propicia o contato direto com o ideal, o que, por sua vez, oferece efeitos mágicos e perfeitos, acessíveis apenas por sua ingestão.

Observe-se que, mais uma vez, não estamos falando de uma dependência física da química do álcool, mas de algo maior, mais complexo e muito menos observado. Estamos apontando para um tipo de relação de adicção mais abrangente e intensa que a química, por ser uma adicção religiosa degradada a uma seita e a uma fé delirante, que não está estritamente ligada ao elemento exógeno. Ao invés disso, manifesta-se por elementos do mecanismo interno – tal como certos tipos estranhos de relação objetal como a mantida com o álcool, que é da ordem de uma relação com o sagrado. Isso faz com que a adicção esteja ligada com aspectos que mais lembram a construção de uma seita ou de uma conduta, que possui práticas de uma inconsciente religiosidade primitiva.

É como se existisse algo que se apossa do alcoólatra – que ainda não se fez conhecido pela ciência da medicina e da biologia, ou que por elas não pôde ser, ainda, devidamente considerado – e não só o intoxica como o obriga a estabelecer uma relação de aberta submissão que o leva a beber, compulsivamente.

Curiosamente, esse algo não pergunta nada, apenas diz ao alcoólatra qual é a verdade. E a verdade é: quem bebe como se estivesse sugando o ideal, está, de fato, bebendo uma deidade para acessar um inumano mais que humano.

Essa divindade nasce não só da ingestão de um líquido, mas da associação do psíquico de quem bebe com o químico desse líquido e o mundo sociocultural que o cerca, resultando na mais pura expressão da força com que se nomeia 'economia psíquica'. É um modelo mental cuja ferocidade reside no uso da energia psíquica com vistas a gastá-la o mínimo possível no contato com a realidade. É uma central de economia de forças de enorme praticidade, ainda que essa não esteja propriamente envolvida com a ética nem com a moral da condição humana corriqueira.

Trata-se apenas de uma praticidade neuronal. O impulso é escoado pelas vias neuronais já facilitadas, e, por elas, o alcoólatra quer escoar toda sua tensão mental não digerida. É a descarga aleatória de energia que comanda o espetáculo.

Mas, note-se, nesse mundo econômico, expressam-se poderosas crenças primitivas na ingestão de elementos que poderiam isolá-lo do contato com a realidade. Essas crenças remanescem em nós e sempre que bebemos a mais, e decidimos agir movidos pela alcoolização, retomamos nossa ação em níveis psíquicos primitivos. No caso específico do *idealcoolismo*, o bebedor vale-se de uma prática arcaica da absorção da química líquida que se assemelha a um ato religioso primitivo, neste caso, inconsciente e degradado. Por estas razões, falamos da busca do indivíduo por um 'corpo estranho' *ideal*, que poderia ser incorporado, já que 'incorporal'.

Acreditamos que essa transubstanciação, altamente destrutiva, levada a termo pelo alcoólatra, estabelece-se a partir da confusão no intercâmbio entre o uso dos efeitos psicossomáticos do álcool e os ideais culturais que sua mente realiza.

Para a definição do álcool como um "corpo incorporal – substância ideal", baseamo-nos nas considerações que Fédida (2002) faz sobre a clínica da toxicomania, acrescentando o termo 'ideal':

> Designar as formas aditivas do psíquico é ao mesmo tempo atribuir-lhes um poder considerável de aniquilamento de si, *é considerar o domínio desse poder destrutivo como uma desilusão fundamental quanto ao amor verdadeiro que o outro poderia continuamente oferecer e, finalmente, a busca de um "corpo estranho", que poderia ser incorporado, já que "incorporal".* (grifo nosso)
> A incorporeidade desse corpo-substância poderia se beneficiar da mesma definição ontológica que o psíquico: ela seria tanto droga quanto influência, impressão transferencial, e até mesmo substância sexual – desde que o outro não seja representado como exterior e distintamente depositário da substância que age.
> Pois o que se encontra em causa aqui – como se vê nas anorexias depressivas – é a corporeidade mortal do outro, que por sua presença real e manifesta (por

vezes excessiva) constitui-se em obstáculo contra o dom de sua substância. [...] A alteridade é a causa do sofrimento da existência psíquica, e é essa alteridade promissora que se encontra na fonte da verdadeira dependência e, portanto, da alienação. Dissolver essa autoridade consiste em roubar-lhe o efeito benéfico de sua presença negando seu poder de curar em pessoa. (p. 117-118)

A citação fala por si, mas, como já detalhadamente descrito no capítulo 3, a forma requintada com que, ao longo da história dos povos e da cultura humana, a bebida alcoólica vem sendo explorada, desafortunadamente fez com que tanto ela quanto seu uso passassem despercebidos em sua gravíssima periculosidade para um expressivo número de indivíduos que a utilizam e cuja cifra remonta entre 15% e 25% da população nacional, excluídos os considerados bebedores pesados.

Enfim, em virtude de todas essas razões, parece-nos claro que o alcoólatra, ao invés de desfrutar da bebida alcoólica e da vida humana, é obrigado a ingerir a bebida alcoólica transubstanciada por ele em um corpo incorporal – substância ideal, que teria o poder de divinizar quem dele comunga.

E é em busca disto, inconscientemente, que o alcoólatra está. Nada mais.

6.

O CONCEITO DE ESTADO PSÍQUICO, O
OBJETIVO DA CONSTRUÇÃO DO IDEAL
MENTAL COMO UMA META DESUMANA E A
IMPORTÂNCIA DESTE ACHADO NA QUESTÃO
DA NOMENCLATURA: SÓ ALCOOLISMO É
SUFICIENTE?

Nada justifica, no século XXI, globalizado, da internet, da interculturalidade e das redes sociais, deixarmos de discutir e clarear a terminologia usada no campo do alcoolismo. Nesse sentido, a psicanálise está distante tanto das concepções do senso comum, que consideram o alcoolismo uma questão moral e de costumes socialmente reprováveis, quanto das que incluem o alcoolismo em nomeações como dependência química, toxicomania, dependência de substâncias psicoativas, entre outras.

Prezaríamos se os leitores observassem, no entanto, que nos faz todo sentido ser o âmbito psíquico, neste caso, o lócus óbvio não observado, que permanece fora de questão quando se encara a vida humana e suas exuberantes manifestações psicopatológicas, tais como as manifestações do alcoolismo.

Consideramos que, para favorecer uma abordagem psicodinâmica do alcoolismo, convém estabelecer conceitos e parâmetros psicanalíticos mais nítidos sobre as questões que ele levanta, abrangendo inclusive a sua nomenclatura.

Por isso, acreditamos que o alcoolismo, como é visto pelos especialistas –estudando-o nas perspectivas médica e científico--comportamentalista como uma prática ligada à dependência química e a uma conduta adictiva –, é um tema que vai muito além disto. Insistimos nessa afirmativa, pois o que avaliamos como central na patologia é justamente ela apresentar uma organização mental específica, que acaba configurando ou derivando-se em um estado mental particular – ambos muito alterados pela onipotência e imaturidade de todo o conjunto psíquico do indivíduo –, que, por sua vez, está baseado em um verdadeiro sistema de crenças e fé em um tipo de ideal desmesurado que é (des)inumano. Ou seja, o alcoólatra solapa as próprias inteligência e capacidade de cuidar de si mesmo e dos demais ao redor, por estar intoxicado de um si mesmo ideal, no esforço de negar seu próprio psíquico e a existência do psíquico no outro.

Essa mudança de vértice faz-nos acreditar que, uma vez revista a questão da patologia alcoólatra por essa nossa abordagem, novos campos de estudo e pesquisa podem ser abertos, com a inclusão da problemática que se revela propriamente mental e sociocultural.

Face a esse novo olhar sobre o alcoolismo, o psicanalítico, melhora-se a interligação dos diversos enquadres teóricos concorrentes e, nesse contexto, facilita-se a compreensão da importância das noções de "estado psíquico" e de relação descompensada com a instância mental que rege o ideal humano de inumanidade.

Para esclarecermos este ponto, consideraremos primeiramente que a noção de estado é um conceito central na compreensão do alcoolismo. O *Dicionário Michaelis* (1998, p. 885) compila os seguintes significados para a palavra:

1. Modo de ser ou estar. 2. Condição, disposição. 3. Modo de existir na sociedade; situação em que se encontra uma pessoa. 4. Disposição particular das faculdades mentais. 5. Período de tempo durante o qual está em efeito ou vigor determinada situação. 6. Posição relativa de um indivíduo em relação a outros indivíduos. 7. Situação organizada em função de determinantes próprios.

O conceito de estado psíquico, aplicado à patologia do alcoolismo, refere-se a vários modos, condições, posições e disposições mentais e emocionais do indivíduo, gerados de acordo com a quantidade e a frequência na forma típica do indivíduo consumir a bebida alcoólica.

O estado alcoólatra refere-se ao modo emocional do indivíduo que está frequente ou permanentemente alcoolizado ou bêbado. Ele determina que há um uso perverso dos efeitos psicossomáticos do álcool e isso altera toda a questão da adicção, por realocá-la no campo da subjetividade – aproximando-nos da psicanálise – no qual já começa vinculada ao perigoso território das perversões, mais especificamente ao sadomasoquismo e, sobretudo, ao masoquismo mortífero. O sujeito procura encontrar um estado ideal com o uso dos efeitos do álcool, produzindo uma condição ou uma disposição peculiar e anômala de conduta, uma disfunção que o deixa em uma posição "diferente" e "superior" em relação aos outros indivíduos, naquilo que concerne ao sobredimensionamento do seu *ego* e à dissolução de seu superego.

Assim, o indivíduo, ao se alcoolizar de modo alcóolatra, mostra-nos, decididamente, que sua situação mental organizou-se ao redor da produção e manutenção de um estado com um determinante próprio: a ligação inconsciente da psique a um uso divinizado dos efeitos químicos do álcool.

Por outro lado, os estados presentes no alcoolismo alteram-se em função dos vários momentos da história alcóolatra e suas fases. Tais estados criam diversas disposições específicas das faculdades mentais do indivíduo, particularmente das defesas egoicas, e estende-se por um período de tempo mais extenso que o período do tempo de duração do estado alcóolatra disparado na e pela alcoolização. Ou seja, o estado mental do alcóolatra não é o mesmo com ou sem álcool, mas, quando esse está presente nas primeiras ingestões, decisivamente obriga-o a beber mais e mais, expondo-o aos ridículos gerados pela embriaguez insana.

O estado mental pode ser visto como uma disposição psicológica específica que a alcoolização condiciona ao sujeito, dificultando-lhe a capacidade de experimentar sua singularidade e construir consistentemente sua identidade. Como ele não tem liberdade no uso do álcool, seu inconsciente impõe-lhe beber e, por reflexo, sua responsabilidade fica restrita, o que sublinha as marcantes tendências que ele tem para viver as relações sociais, desconsiderando a presença do outro humano, ou usando-a para associá-la a uma prática sadomasoquista na qual a submissão e a crueldade são os organizadores dos vínculos entre o homem que bebe de modo alcoólatra e seu mundo.

Vale a pena ressaltar que, quanto ao conceito dos estados psíquicos relativos ao consumo do álcool, o funcionamento psíquico de um indivíduo e seu modo de existir na sociedade são estabelecidos de acordo com a finalidade, a intensidade e a frequência com a qual o sujeito bebe.

Ao empregarmos os significados próprios ao conceito de estado, queremos dizer que entendemos o alcoolismo como um estado de imaturidade patológica da mente; uma desordem profunda da alma. Um desnorteamento que envolve uma problemática de ordem psicológica e sociocultural complexa, que não tem sido devidamente observada – principalmente pelos colegas, que veem o alcoolismo valorizando apenas o viés bioquímico e formulam teorias que insistem em dar valor à dependência do agente químico como fator primário, sem relacioná-las com a trama psíquica e cultural.

Desejamos esclarecer que o alcoólatra se dispõe a jogar, sem pensar, um jogo pra valer e pesado, dentro do seu aparelho psíquico contra a cultura, o corpo, os limites dos veículos intoxicantes e a própria intoxicação. Julgamos ser urgente recuperar o estudo daqueles que denominamos os farmacêuticos religiosos, os alquimistas da mente. Eles são abundantes, são abusadores religiosos do álcool!

No que concerne ao ideal mental, também vinculado ao superego, recordamos que o conceito de "ideal" – que etimologicamente remonta ao latim, *idealis* – representa um estado de excelência inumana, no qual as mazelas humanas encontram uma solução perfeita. É um estado de crueldade, por exigir que a vida possua um grau de completa perfeição, destruindo as chances de algo ainda sem forma vir a tomar uma forma de modo não esperado.

É para remarcar o caráter majoritariamente irresponsável na conduta do alcoólatra que alertamos nosso entendimento por ideal ser a ilusão delirante da existência de uma imortalidade ou de uma vida sem dor, e só prazerosa. Chamamos a atenção para que não se esqueça: a imaturidade, permeada por onipotência e onisciência, suscita uma angústia sem nome diante da experiência de tempo, angústia que empurra o alcoólatra para o uso dos efeitos psicossomáticos do álcool, gerador de um estado de atemporalidade e ausência de dimensionalidade no espaço, produzido na transcendência alcoólatra.

O alcoólatra formula a hipótese de que é possível, farmacologicamente, produzir completude e invulnerabilidade lesiva, ao não proteger verdadeiramente a vida do sujeito, por nele desenvolverem habilidades desnecessárias, mas úteis e aconselháveis, para tentar alcançar inconscientemente o prazer sem limites, próprio do princípio de Nirvana e da pulsão de morte. Por fim, o alcoolismo, transformando-se também em uma ideologia do *idealcoolismo*, cujas promessas seriam alcançáveis, termina configurando-se no alvo supremo das ambições alquimistas religiosas e degeneradas do alcoólatra.

Como procuramos mostrar até aqui, o alcoólatra não bebe por beber. Ele o faz por falta de liberdade, obrigação e dever.

Sua dependência do álcool não é da química pela química. Ele tira proveito dos efeitos psicossomáticos dessa com a finalidade de atingir o ideal e, para tanto, arma-se de defesas primitivas do ego, que são arranjadas sob a batuta de um superego louco em uma organização patológica de estreiteza mental de cunho psicorreligioso e maníaco, como veremos no capítulo seguinte.

Ao se tornar alcoólatra, o indivíduo desenvolve e aplica uma crença inconsciente de ser possível alcançar um tipo de utopia que só poderia se prestar a divindades, visto que é uma utopia inumana, ou própria do divino, e que envolve a entrada em transe alcoólatra (a "transcendência alcoólatra"), o que impõe ao seu *ego* a incapacidade de estabelecer uma separação entre a deidade, que justificaria o transe, e seu próprio eu, uma vez que o divinal encontra-se encoberto pela ingestão do álcool.

As crenças ditas científicas de que o alcoolismo é uma doença apenas biológica encobre os aspectos psicóticos e disfarça que o movimento alcoólatra é um movimento religioso delirante, que agrega mais fiéis, fanáticos, do que qualquer outra religião estabelecida no mundo contemporâneo.

Paralelamente, o problema de o alcoolismo envolver, além dos psicossomáticos, fatores de ordem sociocultural, é que estes são tão abrangentes e de graves consequências quanto aqueles. Evidencia-se ser o álcool um lubrificante social de altíssima densidade, grande aceitação e significativa penetração no mercado de consumo. No entanto, não se pode esquecer que, se praticada de modo alcoólatra, a mesma lubrificação que facilita e relaxa o convívio pode destruí-lo, e com ele a intimidade, assim como arruinar a vida de uma pessoa e sua família. De toda maneira, o consumo contínuo do álcool, para alguns, está fortemente associado à destruição e ao fracasso, por atingir todos aqueles, inclusive os profissionais, que se atrevem a suporem-se a si mesmos capazes de dar ajuda ao "necessitado". O alcoólatra é um especialista em não pedir ajuda e fazer com que os outros se sintam impotentes, incapazes e desnecessários. Ele vive com o álcool, não conosco. O outro é apêndice utilitário e descartável, recomendado apenas para o uso, conforme a ocasião.

A complexidade do alcoolismo reflete-se em sua própria nomenclatura. Acaba por produzir um tumulto na terminologia usada para nomear o indivíduo que padece da ingestão desmedida de álcool. Sugerimos nomear o alcoolismo de *ideal-coolismo*, uma vez que nos interessa destacar os fortes aspectos socioculturais da doença, ligados à construção de uma seita idealizada. Avaliamos ser pouco conveniente e esclarecedor empregar indiscriminadamente os termos alcoólico, alcoolista, etilista, alcoólatra ou dipsomaníaco, como se fossem sinônimos. Eles não os são, como os dicionários e as raízes etimológicas registram.

Em outras palavras, e seguindo essa linha, propomos, para uma maior precisão conceitual e de nomenclatura, a inclusão do conceito de ideal no de alcoolismo. A união de ideal + álcool + ismo clareia a orientação de nosso pensamento, pois 'ismo' é um sufixo do grego (*ismós*), formador de substantivos que denotam sistema, conformação, imitação, como cristianismo, materialismo, mimetismo etc. Por extensão, a invenção de *'idealcoolismo'* enfatiza que o alcoolismo não é só um ato de embriaguez, mas um claro sistema que expressa a busca psicorreligiosa do ideal por meio da ingestão do álcool; no qual este último é definido como um corpo incorporal – substância ideal, como visto no capítulo 5.

'Idealcoólica' é o nome da religião degradada do *'idealcoolismo'*; *'idealcolista'* é o partidário-ideólogo deste sistema psicorreligioso; o alcoólatra é seu agente-ativista no estado mais degradado; e o alcoólico é o ex-alcoólatra/ex-*'idealcolista'*.

Se entendermos que o alcoolismo, também como um sistema psicorreligioso, produz no indivíduo essencialmente três estados de referência na sua relação com o álcool, restar-nos-á falar detalhadamente de cada um deles: o *idealcolista*, o alcoólatra e o alcoólico, que, embora sendo distintos, possuem um caráter de maior ou menor transitoriedade e interpenetração entre eles e cujas principais características são:

O *idealcolista* é o indivíduo partidário de ideias do *idealcoolismo* ou que se encontra sob sua influência. É o alcoólatra no intervalo entre as suas bebedeiras e, igualmente, o indivíduo que está tentando recuperar-se de sua condição alcoólatra, ainda no período inicial de abstinência e, por essa razão, bastante vulnerável aos valores e atrativos da religião degradada *idealcoólica*. O sufixo 'ista' (em latim, *ista*; em grego, *istés*) é empregado em '*idealcoolista*' porque apresenta a ideia de agente (balconista, propagandista) ou de partidário de um sistema filosófico, político, religioso, ideológico (budista, comunista, kantista e, incluímos, *idealcoolista*).

O alcoólatra é o adorador do álcool, por excelência. Etimologicamente o sufixo '*latra*', derivado do grego: *latreia*, indica adoração, veneração, cultualismo, servidão. Dessa forma, o alcoólatra é o indivíduo adorador e submisso ao álcool. Ele pratica a *idolalcoolatria* com finalidades psicorreligiosas, para atingir um estado ideal, que é inumano: o álcool está acima de tudo em sua vida, da excitação sexual, da profissão, do casamento, do dinheiro, dos filhos etc. A excitação alcoólica é especialmente divinizada, transformando-se em excitação alcoólatra e, deste ponto, pervertendo-se, em decorrência de seu masoquismo mortífero (*vide* capítulo 10). Relembramos que existem duas maneiras de ingestão da bebida alcoólica, e de uso das excitações por ela produzida, praticados pelos indivíduos (doentes ou não): a alcoólica, que é feita com finalidades recreativas e de relaxamento, exercida pela maioria dos apreciadores das bebidas que contenham o álcool; e a alcoólatra, com fins psicorreligiosos, comuns aos indivíduos que usam os efeitos da excitação psicossomática do álcool ingerido para atingir uma transcendência alcoólatra, negando-se humanos.

O alcoólico é o sujeito que desenvolve suficientemente um estado mais humanizado e, por ter conquistado a consciência de ser um ex-alcoólatra/ex-'*idealcolista*', aceita-se humano, gradativamente, como a melhor saída para lidar com as realidades da vida. Para isso, dedica-se, um dia de cada vez, à construção de uma nova organização psíquica e um novo modo de ser, para se defender do álcool, organização que possui serventia para outros aspectos de sua vida. Lembramos que o sufixo '*ico*' dá a noção de referência ou participação a um grupo ou a algo que nos empresta significado. Alcoólico é, desse modo, o indivíduo que ao deixar o *idealcoolismo* passou a pertencer ao grupo de ex-'*idealcoolistas*' e ex-alcoólatras.

Assinalamos, complementariamente, a existência do estado de ex-alcoólatra impositivo. Nele, estão os indivíduos que, tendo deixado a condição de alcoólatra, não caminharam para a conquista do estado alcoólico, permanecendo apenas como ex-alcoólatras. Geralmente, são aqueles que, por terem tido graves problemas de saúde física, provocados pelo seu *idealcoolismo*, foram obrigados a deixar de beber por ordem médica, sem que mudanças mais significativas em seus processos psíquicos ocorressem ou que pudessem ter participado ativamente da decisão de deixar de ser alcoólatra.

Finalizando as considerações sobre os três estados próprios do *idealcoolismo*, concluímos que o estado alcoólico amplia, no sujeito, a consciência de não poder beber socialmente, ou melhor, desenvolve a consciência de não poder beber (atendendo aos gritos do deus Álcool, que clama para que ele o sugue), sob a pena de voltar ao estado prévio de alcoólatra, sobretudo em função de seu histórico anterior. Para ele, beber implica um risco: a ilusão de conseguir fazê-lo moderadamente. É na impossibilidade de moderação que se encontra a demanda do alcoólatra.

O drama mental está ligado a um dano narcísico e a um descontrole instintual do impulso oral, que faz do uso da bebida apenas uma repetição da alteração psíquica induzida pelo álcool. É o que torna favorável a abertura para soluções nas quais o que é importante é o eu, pois há confusão entre o *ego* ideal e o ideal de ego; e um eu inumanizado é um eu corrompido por um vínculo desastrado entre os princípios do Nirvana e do prazer, podendo dificultar intensamente o ingresso do princípio da realidade, induzindo ao masoquismo mortífero de tal forma que não possamos mais transformá-lo em um masoquismo guardião da vida[1].

Seja como for, ainda preocupados com a questão da nomenclatura, vale assinalar que o privilégio dado ao termo alcoólico na terminologia do *idealcoolismo* foi feito a partir da

---

[1] Vide capítulo 10.

experiência de AA – Alcoólicos Anônimos[2], que consagra a palavra alcoólico em sua literatura – cerca de dez livros e inúmeros folhetos – e não faz nenhuma referência à palavra alcoólatra ou a outros termos.

Convém considerar ainda, que a despeito do privilégio dado ao termo alcoólico entre membros de AA, diversos enganos no uso da terminologia do *idealcoolismo* são cometidos por indivíduos com longos períodos de sobriedade, superiores a cinco ou dez anos, que ainda permanecem se autodenominando alcoólatras.

Aproveitamos essa circunstância para clarear ainda mais o uso da terminologia relacionada ao *idealcoolismo*, fazendo uma espécie de exercício quanto à nomeação dos três estados em que se pode localizar o *idealcoolista*.

Procuraremos responder à seguinte questão:

Por que motivo inúmeros indivíduos alcoólicos, membros de AA, preferem autonomear-se alcoólatras?

Podemos supor o seguinte:

1º. Para defenderem-se do uso abusivo do álcool, muitos alcoólicos procuram realçar para si próprios o caráter da gravidade do seu estado alcoólatra. Pensam estar melhor protegidos da ingestão do primeiro gole de bebida alcoólica usando o estratagema da autodenominação de 'alcoólatras'. Em suas práticas

---

[2] AA – Alcoólicos Anônimos é uma associação internacional, dita "irmandade", que se propõe a tratar de pessoas que sofrem do alcoolismo através de passos de recuperação e reuniões sem diálogo entre os participantes. O AA foi fundado em 1935, existe em todo o mundo, possui 114.070 grupos, com 2.133.842 membros (dados de 2012).

de autocura, imaginam que a palavra pode deter o movimento compulsivo do beber sem parar e, ao mesmo tempo, refletir de forma contundente a gravidade do seu *idealcoolismo*: "Como sou alcoólatra, preciso tomar muito cuidado, pois senão posso voltar a beber!".

2º. Quando o *idealcoolista* inicia a sua vida de alcoólico, passando primeiro pela abstinência e depois pela sobriedade, ele se conscientiza de que já foram tantos os desvarios cometidos como alcoólatra, rebaixando ainda mais sua tão precária autoestima, que necessita de algo para orgulhar-se. A palavra alcoólatra presta-se a isso: "Olha que sujeito excepcional: embora alcoólatra, não bebe mais".

3º. Em virtude de muitos *idealcoolistas* obterem êxito em sua recuperação, autodenominando-se alcoólatras, por um processo imitativo (e no início de sua abstinência em busca de reconhecimento), o alcoólico acaba por identificar-se com esses, autonomeando-se igualmente, e por engano, alcoólatra.

4º. Os dicionários apresentam como sinônimos, erroneamente, alcoólico e alcoólatra, embora a raiz etimológica destas palavras seja absolutamente diferente, como já assinalado.

5º. Em seu estado *idealcoolista*, o alcoólico tem dificuldades em refletir sobre o significado das palavras: não importando a maneira como se autodenomina, o que vale para ele é ver-se livre dos sofrimentos pelos quais passou no estado alcoólatra.

6º. Como o *idealcoolista* é um indivíduo que possui conteúdos depressivos acima da média, tem a tendência de procurar uma palavra com significações negativas e depreciativas para autodenominar-se. A palavra que mais se coaduna com tais conteúdos é 'alcoólatra', e não 'alcoólico'.

7º. O *idealcoolista* ainda é orgulhoso, rebelde, não aceitando limitações. Ele nutre esperanças de conseguir mudar o significado socialmente preconceituoso da palavra 'alcoólatra' para outro mais favorável. Isto não é possível: o número de indivíduos que ingressam em uma vida de alcoolizações desenvolvendo um estado alcoólatra é sempre crescente e incomparavelmente maior que os *idealcoolistas*, que atingem o estado alcoólico de sobriedade.

8º. Muitos *idealcoolistas* apropriam-se do lema "uma vez alcoólatra, sempre alcoólatra", para evitar a tentação de beber novamente, mas moderadamente, imaginando que jamais o conseguirão. Entretanto isto traz a enorme desvantagem de ser impreciso e de não dar a ideia das possibilidades de mudança que pode haver e, principalmente, de não informar que há um estado alcoólico diferente, no qual ele tem a chance de desenvolver uma vida de muito bem-estar.

Assim, no *idealcoolismo*, o desejo de ingressar no estado alcoólatra acontece independentemente do indivíduo ter sofrido as pressões de uma situação conflituosa. Não é necessário que haja um acontecimento real, seja perda ou algum tipo de desastre, pois, no *idealcoolismo*, a busca do ideal de negar-se humano, associado a um tipo de organização patológica, usada como refúgio narcísico, desembocam direto em um tipo de perfil perverso, próprio do masoquismo mortífero, que estará sempre presente no *idealcoolismo*, como seu centro patológico não bioquímico.

7.

O PROCESSO DE INSTAURAÇÃO E RECUPERAÇÃO DO *IDEALCOOLISMO*

Na posse de um olhar psicanalítico sobre o alcoolismo, vejamos o processo de instauração e recuperação do *idealcoolismo* e a relação entre os estados *idealcoolista*, alcoólico e alcoólatra, esquematicamente:

O *idealcoolismo*, o **alcoólatra** e o **alcoólico**

Figura 1 – Logo após o nascimento, e em sua primeira infância, as relações do indivíduo com o seio e a mãe são preenchidas por intensas necessidades do ideal e negação do humano, criando um vínculo perverso entre o mamar para manutenção da vida e para realização de uma fantasia erótica da mãe. Ou a mãe não suportou seu filho bebê real ou o bebê não aguentou um seio distante do ideal. A oposição entre o humano e o ideal inumano é impositiva, período em que a ausência do pai já se mostra crucial. Nessa fase inicial, há uma ampla predominância dos traços alcoólicos sobre os alcoólatras, mas estes prevalecem na estruturação do psiquismo, sucessivamente, evidenciando o predomínio crescente do princípio do prazer mesclado ao princípio de Nirvana (masoquismo mortífero), em virtude de uma insuficiente ação do instinto de vida.

Figura 2 – Entrando em contato com o álcool, geralmente na adolescência, o *idealcoolismo* começa a tomar conta do indivíduo, e ele passa a perceber as vantagens de ingressar no estado alcoólatra por meio de uma organização das suas defesas primitivas (onipotência, negação), de modo a encontrar refúgio em uma organização patológica de estreiteza mental de cunho psicorreligioso degradado, sentindo-se poderosamente divino sob efeitos psicossomáticos do álcool e negando-se humano. Instala-se a procura pelo pai mais poderoso e pela identificação com um deus-pai-álcool-protetor-força-ideal, ao mesmo tempo que há uma busca pelo gozo, que seria proporcionado pela divindade seio-mamilo-prazer-ideal. Desenvolve-se o estado alcoólatra em detrimento do estado alcoólico.

Figura 3 – Fase francamente alcoólatra. A religião degradada *idealcoólica* está constituída, tanto quanto a estreiteza mental produzida pelos efeitos psicológicos das práticas religiosas degeneradas, realizadas através de uma fantasia alquimista inconsciente que transforma o álcool em corpo incorporal – substância ideal. O masoquismo de morte predomina. A pulsão de vida presente no estado alcoólico para uma reação a este estado de intensa inumanidade está impotente. O estado alcoólatra tem amplo predomínio sobre os estados *idealcoolista* e alcoólico, que neste momento se encontram bastante reduzidos.

Figura 4 – Por meio do acolhimento, da contensão, recebendo "choques" de humanidade, simultâneos ou alternados, revelando sua natureza humana, o alcoólatra vislumbra pragmaticamente uma nova saída para seus sofrimentos. Uma etapa para tornar-se mais humano, sem tanta culpa persecutória, começa a ser construída para aplacar suas ansiedades e angústias, com um gradual fortalecimento do *ego* e mudanças no *superego*, transformando-o em menos rígido e hostil. Neste momento, o alcoólatra pode fortalecer seu estado *idealcoolista*, iniciando o caminho para reumanizar-se no estado alcoólico.

Figura 5 – O *idealcoolista*, alcançando o estado alcoólico, com a abstinência do álcool que alimentava sua transcendência alcoólatra, interrompe as práticas psicorreligiosas de adoração do álcool, através ou não de um processo de substituição (por exemplo, no caso de AA) por outras vertentes "espirituais". Ao abandonar seu refúgio na organização patológica de estreiteza mental e fazendo prevalecer seu masoquismo de vida sobre o mortífero, o sujeito pode retomar os investimentos objetais anteriormente interrompidos no estado alcoólatra. Ele elabora lutos por diversas perdas, inclusive a do álcool, fazendo reparações. Esse estado de mais humanização faz com que o estado alcoólico volte a predominar, trazendo para o indivíduo a condição de alcoólico, ex-alcoólatra e ex-*idealcoolista*.

A perigosa oscilação no *idealcoolismo*

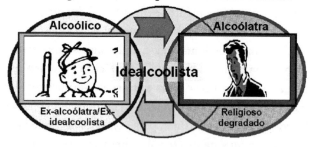

Um importante problema a ser solucionado, no tratamento do *idealcoolismo*, é a propensão do *idealcoolista* oscilar entre o estado alcoólico e o alcoólatra. Não é difícil, para o alcoólico, como *idealcoolista* que não desenvolveu adequadamente as novas características do estado alcoólico de vida, tornar-se novamente alcoólatra. Basta que ele tente beber socialmente para voltar aos padrões patológicos anteriores, com a reativação de seu masoquismo mortífero e intenso narcisismo, retrocedendo às práticas religiosas degradadas *idealcoólicas*.

O tratamento do *idealcoolismo* alcança êxito quando o núcleo do estado alcoólatra é reduzido a níveis bem inferiores aos do núcleo do estado alcoólico. Esse resultado pode ser obtido adotando-se, entre outros, o trabalho psicológico, cuidados medicamentosos, o ingresso em AA (sempre que indicado) e, eventualmente, o uso de práticas psicorreligiosas que se oponham como recurso terapêutico à *idolalcoolatria*.

8.

O *IDEALCOOLISMO* E SUA RELAÇÃO COM O VÍNCULO PRIMÁRIO DO BEBÊ COM A MÃE

A posição de realce que a figura primária da mãe ocupa no sistema do *idealcoolismo* justifica um tópico à parte. É ela que pode ser ingerida como anestésico e como alimento. Eis a contraditória figura materna, ao mesmo tempo excitante e apaziguante. Cuidado que traz a vida, mas convite à simbiose, à loucura e aos jogos presididos pela pulsão de morte.

Iniciamos nossas considerações com duas citações de Freud (1927), que optamos por indicar sequencialmente.

O caminho que vai da criança de peito ao homem civilizado é longo; não poucos jovens se desviariam dele e fracassariam no cumprimento de suas missões na vida, na época correta, se fossem deixados sem orientação quanto a seu próprio desenvolvimento.

Transportemo-nos para a vida mental de uma criança. Você se recorda da escolha de objeto de acordo com o tipo anaclítico[1]

---

[1] *Anaclítico:* 1. Relativo a anaclisia; 2. Rubrica: psicanálise. Relativo a ou que envolve dependência da libido em relação a impulsos originalmente não sexuais. 3. Rubrica:

146 COLEÇÃO "CLÍNICA PSICANALÍTICA"

[ligação], de que fala a psicanálise? A libido segue aí os caminhos das necessidades narcísicas e liga-se aos objetos que asseguram a satisfação dessas necessidades. Desta maneira, a mãe, que satisfaz a fome da criança, torna-se seu primeiro objeto amoroso e, certamente, também sua primeira proteção contra todos os perigos indefinidos que a ameaçam no mundo externo – sua primeira proteção contra a ansiedade, podemos dizer (p. 59).

Aí está a mãe apaziguadora.

De qualquer forma, sabemos o suficiente da mãe que falamos, pois as relações entre ela e o recém-nascido, o bebê e a criança já foram suficientemente deslindadas por diversos autores. De Freud a Lacan, de Melanie Klein a Winnicott, Bion, Tustin, a Meltzer... Muitos se ocuparam, psicanaliticamente, da relação entre o novo ser – apenas incompletamente humano – e sua mãe, como sendo uma parte ativa dos processos de humanização pelos quais um indivíduo passa até tornar-se propriamente humanizado – situação que inclui a transmissão da capacidade de ser responsável.

---

psicanálise. Relativo à escolha de ou preferência por um objeto de amor, quando condicionada pelo prazer sexual associado à satisfação de necessidades físicas, e que geralmente toma como modelo a figura dos pais, na sua qualidade de alimentadores e protetores da criança. Do inglês anaclitic, eruditismo forjado a partir do grego *anáklitos* "deitado ou apoiado para trás, reclinado; que serve para reclinar", de *anáklisis* "ação de apoiar-se ou reclinar-se", derivação de *anaklínó* "deitar sobre, apoiar-se em, reclinar-se", de ana- "para trás" e *klinó* "inclinar, apoiar, deitar"; o termo original aparece na expressão *anaclitic type* (tipo anaclítico), que traduz a expressão alemã *Anlehnungstypus* (tipo de apoio) usada por Freud (Laplanche e Pontalis, 2001, p. 53).

Com pesar, igualmente se encontra a possibilidade de transmissão da perversão envolvida. Assim, o bebê pode precisar de si próprio para dar conta de toda sua instintualidade e da inadequação e incapacidade do meio circundante. Cremos ser esse um ponto sobre o qual nenhum outro pesquisador dedicou tanta atenção, pelo que julgamos necessário jogar luz sobre essa mãe, aqui entendida como um agente inumanizante de seu próprio filho, por poder tê-lo como narcótico.

No *idealcoolismo*, a mãe boa está fora de lugar e o pai omisso ou morto mentalmente, no território emocional dos dois. Por essa razão, acreditamos que o *idealcoolismo* resulta de falhas no processo de humanização ligado aos pais, e que o alcoólatra é o resultado dessa primitiva experiência vincular, na qual o indivíduo não aceita a sua condição humana, nem a de sua mãe, o que é recíproco da parte dela, para quem o bebê é um ídolo que tem por obrigação sugá-la. Tal situação desemboca diretamente na constituição de um sujeito que levará a vida em estado de grande imaturidade psíquica, por ter estabelecido, de muito cedo, relações com um seio ideal mais da ordem do vício e do erótico que da autopreservação.

Sendo assim, podemos formular que o *idealcoolista*, secretamente, mantém com a mãe uma relação de intoxicação e promiscuidade que atende às exigências sem sentido do superego de ambos, e que tais são preenchidas por intensas necessidades de negação da realidade humana, associadas a um projeto inconsciente de destruição do elemento paterno, como forma de concretizar um vínculo que se constitui, a partir de então, como uma *folie à deux*.

Pelo viés da individualidade e da singularidade do humano, é possível afirmar que um desejo idealizado de satisfação erótica, que visa satisfazer a própria mãe, está em jogo quando da amamentação do bebê, que será o futuro alcoólatra. Esse quadro torna-se a vontade e o vício vital desse sujeito – e, também, o que o mantém em uma condição degradada, qualidade retirada da proposta vincular deste tipo materno patológico. Portanto, o bebê *idealcoolista* representa um difícil objeto utilitário na vida mental da mãe, com a função de ser um filho que só se satisfaz satisfazendo a excitação da mãe em ser satisfeita. O jogo de "sendo o prazer do outro" e "sendo não sendo" dizima a chance de construção da singularidade do indivíduo.

É para esse estranho ardil que transforma o doador em necessitado; é para esse estranho jogo com o objeto que dá e mantém a vida do sujeito vivo, na condição de ser necessitado por ser excitante; é nesse bailado cruel e frio entre dois seres muito inumanizados; é nesse exato ponto que pensar em um bebê cuja obrigação é suprir o desejo da mãe de ser excitada faz todo o sentido. Isso faz dele um crente, um fiel que destina toda sua vida ao deus que idolatra, como maneira de ser reconhecido como vivo. A mãe, de vital, transforma-se em objeto de satisfação erótica, perdendo sua condição mais profunda na mente desamparada do filho, impedida de ser-lhe uma referência segura da realidade psíquica e cultural.

O alcoólatra e sua mãe pouco humanizada transformam o mamilo em algo inumano, exclusivamente auto/heteroerótico, e não protetor. Um mamilo que, embora ideal, só deseja ser sugado para auferir o gozo que determina, arrogantemente, ser seu. Que não pensa, nem deseja transferir vida ao filho, em seu desespero de sobrevivência, mas que o deseja, sim, como a um servente, ainda como parte de si mesma, mãe.

Quanto à função paterna, notemos que sua ausência é algo elementar na produção de situações psicológicas propícias para a germinação do *idealcoolismo*. Vemos com clareza que a falta do pai impede a instauração adequada do processo de humanização, desde o vínculo mais tenro da relação mãe/bebê. Esse impedimento é tratado no livro: o filho abandonado pela mãe, sem um modelo masculino favorável para identificar-se e beneficiar-se do desenvolvimento de uma imagem paterna estruturante e promotora dos limites da singularidade. É o que se dá com o *idealcoolista*: desprotegido pelo pai, não recebe orientação e referência masculina satisfatória.

Nesse ponto da obra, entretanto, nossa ocupação é a figura materna.

A posição extraordinariamente estratégica ocupada pela mãe com relação à humanização é real, por estar na intersecção das diversas linhas básicas do conflito humano *versus* inumano. É ela a responsável pela tradução da parte obscura de ausência de humanidade que nos pertence no início da vida e que só pode ser esclarecida, com mais humanidade, por aquela que nos acolhe.

Se a mãe está inserida na cultura e é portadora de um amplo conjunto de sentimentos, emoções, valores éticos e morais, além de um corpo nutritivo e sexualmente investido, a imensidão e o poder de seu ser sobre o filho é observado quando de sua convivência com seu bebê, alguém quase inteiramente destituído desse conjunto de propriedades.

Contudo, e é o ponto em que as coisas se complicam no campo do *idealcoolismo*, ela possui uma mente sobre a qual perduram as imaturidades e que faz contato com a incipiente mente do seu filho, impondo um tipo de jogo que o bebê pode não dar conta. Para este, a mãe é o elemento vital a revelar o que ele não sabe de si próprio, enquanto também o decifra. Quem tem essa função precisa saber dosar o poder exercido e entender que o aparelho psíquico, ainda embrionário, é especialmente frágil e sensível.

Seja como for, cabe-nos enfatizar: a entidade 'mãe' também se situa na intersecção do psicossomático do filho, nele interferindo diretamente. Ela oferece as primeiras oportunidades para a criança diferenciar-se e distinguir, ou não, entre calma e anestesia, alimentar-se ou intoxicar-se. Tudo acontece desde o início, pois ela protagoniza a situação da primeira gestação do psiquismo do recém-nascido. Ela libidiniza – põe-se viva e introduz Eros na mente do bebê –, oferecendo seu mundo emocional junto com sua humanidade, dando vida independente e distinta àquele que há pouco tempo era parte de si.

Para o futuro alcoólatra, a mãe não teria oferecido a inumanidade de uma desordem sensual e uma loucura disfarçada de amamentação, inconscientemente, dizendo-lhe, por metáfora: "Continue meu bebê, não pare de chupar-me, sugue-me até que eu me excite por pensar que é você que me está enchendo de prazer! Sugue-me primeiro que, quando você me propiciar gozo, eu lhe forneço alimento.".

Sendo assim tão vital a relação mãe/bebê, perguntamos:

Com qual qualidade de mundo humanizado as mães oferecem-se ao filho e apresentam-lhe um pai verdadeiro? E como esse filho-bebê recebe estas orientações em sua mente desamparada e embrionária, uma vez que cabe à própria mente da mãe decodificá-las?

Se em um extremo encontra-se a criança, cuja humanização tem um curso sucessivo e singular, não se deve esquecer que, no outro, está sua mãe. Sabe-se que a "percepção [da figura materna pelo bebê] se desenvolve a partir do mamilo, para o seio, para o rosto e as mãos, para o corpo todo e, em última instância, para a mente e o amor da mãe", como assinala Brenman (1985, p. 271). Sendo assim, e se assim for, compete-nos saber quanto o jogo transferencial entre a mãe e o bebê pode, de fato, marcar tão grave e profundamente um psiquismo incipiente, transformando as bases psíquicas de um homem comum das de um futuro alcoólatra.

Entre os riscos do primeiro contato mãe-bebê, a falha na humanização é grave. Humanização *versus* inumanidade, um jogo difícil e perigoso em que se localiza um bebê, arriscado a ser absorvido pelo mamilo sem conseguir alcançar ou dar os passos subsequentes para a conquista da percepção da mãe, como um todo. Há ainda o risco de ficar restrito em um estado de estreiteza mental inumana, o que não se deve somente à ausência de um pai que não promoveu suficientemente uma situação de corte na relação do filho com a mãe, mas também pode ser creditado à insanidade da mãe no trato com seu bebê. Se em maior ou menor grau isso acontece, com maior ou menor intensidade a construção psíquica decorrente torna-se um dos fundamentos de um estado *idealcoolista* e/ou alcoólatra.

Convenhamos, a tarefa de humanização não é das mais fáceis. E, queiramos ou não, faz intensa diferença quando se fala de alcoolismo. Lembrando Freud, cremos que o percurso que vai da criança de peito ao homem adulto "civilizado" é um longo e árduo caminho, tanto quanto concordamos com Melanie Klein, quando aponta o quão difícil é a travessia das posições esquizoparanoide e depressiva – o duro e espesso meio que emocionalmente todos temos que atravessar – como forma de atingir esse objetivo ou de realizar essa conquista: transformar-se em algo um pouco melhor que um animal ereto que deixou de andar de quatro. O problema é que, ao ficar restrito à inumanização, ele pode resultar em um ser que vive do vício imposto por alguém que o seduziu com o alimento; e, tão pouco humanizado pela própria mãe, passar a ter um desejo essencialmente masoquista, o de dar a ela a excitação que acalma, como faz o alcoólatra com o álcool.

A oposição entre o humano, seu objeto realmente protetor e o ideal inumano, apresenta-se logo no início da vida. Como afirma Brenman:

A mãe pode ser uma mãe que tem apenas a possibilidade de tolerar um bebê ideal e que rejeite o bebê real. Por sua vez, o bebê pode fazer ataques à mãe real por ela não ser o seio ideal, aquele seio que satisfaz, através de identificação narcisista do bebê, a exigência dele ter o ideal e de ser o ideal. (ibid., p. 272)

Nesse contexto, acompanhando Melanie Klein, sabemos que o bebê está às voltas com uma angústia básica, ligada ao conflito interno entre as pulsões de vida e de morte, e que possui o medo da mãe amada ter sido destruída pelos seus ataques sádicos contra a mãe má interna. Afirmamos, consequentemente, a existência de indivíduos vulneráveis e sensíveis a essa situação que desenvolveram angústias intensificadas, só apaziguadas com a ingestão do álcool como automedicação.

Para aplacar essas angústias, o indivíduo passa, posteriormente, a lidar com uma mãe desnudada de sua humanidade (a mãe-calmante/mamilo-prazer ideal); ou como um deus, ele a substitui por um líquido químico e a ingere como um corpo incorporal – substância ideal.

Diante disto, os efeitos psicossomáticos do álcool também podem funcionar, para o alcoólatra, como um meio usado para satisfazer à mãe interna, tentando satisfazer o gozo de destruir a mãe real, substituindo-a por seu duplo divinal: a inumana mãe ideal.

Em conformidade com Freud, consideramos que a angústia mais fundamental decorre do medo do bebê da perda do amor da mãe. Surge a seguinte sequência: um bebê, que sente falta da mãe, comporta-se como se nunca mais fosse revê-la, pois ele, deslocado na própria realidade mental da mãe, não consegue distinguir uma ausência temporária de uma perda definitiva, com o temor de não ter satisfeitas suas necessidades essenciais[2]. Nesse exato momento, pode nascer um alcoólatra, que começa a suplicar ao deus cruel que não o abandone.

Assim, afirmamos que, nos sujeitos mais sensíveis ao desamparo e à perda, há permanente tentativa de encontrar, pelo uso psicorreligioso dos efeitos químicos do álcool, a ilusão de completa proximidade com o objeto inumano e intoxicante. O indivíduo perde a proteção e a segurança materna real, e vive em um além de si mesmo, mergulhado em intensas sensações prazerosas, na aceitação de uma troca inconsciente por um ídolo cruel que ele, em substituição, eleva acima de suas necessidades vitais.

Salientamos que, apesar de estarmos falando da tenra infância, é na adolescência que se assenhora expressamente o *idealcoolismo*. É nessa fase que se elabora uma importante etapa da construção da identidade do sujeito e na qual ele atravessa significativas mudanças biopsicossociais, o que o torna sensível à religiosidade e à rebeldia, com questionamentos

---

[2] Esta é uma espécie de síntese nossa, de afirmações feitas por Freud (1926): a angústia decorre de a criança "[...] sentir falta de alguém a quem ama e por quem anseia"; o bebê "[...] não consegue ainda distinguir a ausência temporária da perda definitiva"; "[...] se a mãe estiver ausente, ou houver retirado o amor que sentia pelo filho, este não tem mais a certeza da satisfação de suas próprias necessidades e talvez fique exposto às mais aflitivas sensações de tensão" (p. 136).

metafísicos de várias ordens sobre a vida e a morte, angústias existenciais. As condições desta etapa evolutiva favorecem a tentativa de fuga do humano na busca de um refúgio no ideal inumano, pois o conflito humanidade *versus* inumanidade é renovadamente recrudescido em todos os momentos em que falham as funções mais evoluídas da mãe e do pai no comando e no acesso à realidade.

A adolescência é o estágio de confrontação mais evoluída do indivíduo com a condição humana e, em razão dos diferentes lutos pelas perdas[3] vividas por ele, pode advir uma enorme depressão silenciosa que o paralisa e o impede, mais ainda com o uso da bebida alcoólica, de desenvolver uma relação responsável diante de seu grupo e do seu humano.

---

[3] Luto pela perda do corpo infantil, da sexualidade infantil, dos pais protetores etc.

9.

O *IDEALCOOLISMO* COMO UM SISTEMA DE ESTREITEZA MENTAL: UMA ORGANIZAÇÃO PATOLÓGICA

Ao considerarmos o *idealcoolismo* um processo que aglomera diversos ramos patológicos entre si, de modo a o indivíduo tecer, inconscientemente, uma crescente in-humanização de sua vida humana, aprendemos ser essa a maneira pela qual o *idealcoolista* transforma a própria vida, por intermédio de seus supostos poderes de farmacêutico e alquimista psicótico do psíquico, em uma experiência plena e sem frustrações.

Ou seja, estamos dizendo que o *idealcoolista* no estado alcoólatra, de forma psicótica e desorganizada, está procurando criar ilusoriamente um escape para o paraíso terrestre, por meio de um uso (que é um abuso) peculiar do álcool.

A nosso ver, com esse gesto insano, ele está, igualmente, esforçando-se para subtrair sua violenta angústia originária de várias fontes instintuais, pulsionais e superegoicas e, com a ingestão do álcool, tentando deter o avanço de forças opressivas demais para o que resta de sua humanidade.

Tornando-se prisioneiro de suas vozes internas e de um superego cruel, o alcoólatra sente-se obrigado a organizar defesas impróprias para seu *ego* fragilizado. Seus sofrimentos agudos, sua culpa persecutória, suas exigências desmedidas por perfeição e suas intensas e cruéis autorrecriminações arrastam-no para o abuso do álcool como uma saída psicorreligiosa degradada.

Vale notar que, quando nos defrontamos com o alcoólatra, encontramos um indivíduo confuso, aflito, instável, atemorizado, intolerante à finitude, ao desamparo existencial e que, independentemente de sua idade cronológica, apresenta um funcionamento mental aproximado ao de um sujeito infantil, sedento por alcançar um refúgio no qual possa sentir-se livre de qualquer vulnerabilidade e sofrimento.

Estudando o *idealcoolismo*, verificamos que a solução almejada pelo ideacoolista é concretizada no uso que faz dos efeitos psicossomáticos do álcool para a criação de um abrigo para sua realidade externa e interna, bebendo seguidamente até atingir um estado mental que denominamos de "transcendência alcoólatra", como transporte para um refúgio idealizado do *ego* em uma organização patológica de primitivas defesas desse. A transcendência alcoólatra gera uma estreiteza mental contra a realidade que se apresenta diante dos olhos de todos.

Para uma visão do *idealcoolismo* como uma organização patológica, tomamos como base as conceituações de Steiner (1990):

> A organização patológica parece oferecer ao paciente um abrigo idealizado das situações aterrorizantes ao

seu redor [...] as organizações patológicas têm uma representação predominantemente espacial, algumas vezes na forma de um lugar idealizado tal como uma ilha deserta, ou uma caverna ou edifício dentro do qual o paciente pode se refugiar. (p. 333)

Ou, acrescentamos nós, parodiando a ideia do autor, o alcóolatra constrói tal abrigo no interior de uma garrafa, mais especificamente no líquido, transformado por ele em uma farmácia alquimista que produz uma sedação psicótica veiculada por um corpo incorporal – substância ideal, que se transfere da garrafa diretamente para dentro do alcoólatra. É o gênio a chegar pela boca: o gênio da garrafa. Talvez a metáfora mais prosaica e saudável deste tipo de ingestão seja o desenho animado *Popey, the sailor man*, cujo herói ingere espinafre e ganha superpoderes.

Por essa linha investigativa, chegamos, gradualmente, a resultados indicadores de que a poderosa atração exercida pela busca de transcendência alcoólatra também é consequência de um uso psicótico do álcool, para o alcoólatra defender-se da realidade humana. É o que o refúgio em uma organização patológica propicia.

Steiner (ibid.) diz-nos ainda que:

[...] podemos também tentar acompanhar os movimentos entre a organização patológica e as outras duas posições.

Quando fazemos isto, fica claro que a organização patológica funciona como uma defesa, não apenas contra a fragmentação e a confusão, mas também contra a dor mental e a ansiedade da posição depressiva. Ela age como uma área fronteiriça entre as outras duas posições, para a qual o paciente crê que pode recuar se as ansiedades, sejam paranoides ou depressivas, se tornam insuportáveis. É comum observar que um paciente faça contato com as experiências da posição depressiva e então recue novamente para a posição esquizoparanoide, como se não pudesse tolerar a dor mental que encontrou. Ele encontra então a desintegração, a fragmentação, a confusão e a ansiedade persecutória da posição esquizoparanoide, e se estas também se tornarem insuportáveis, o paciente não tem lugar algum em que se sentir seguro, a menos que possa encontrar ou construir uma defesa contra ambas as posições.

Para tanto, são postos em ação fantasias onipotentes e mecanismos mentais primitivos, que têm geralmente sido considerados como atividades da posição esquizoparanoide. Estou sugerindo que, quando tomam a forma de uma complexa organização de defesa, eles têm propriedades especiais e torna-se útil considerá-los separadamente como uma organização patológica. Eles proporcionam uma espécie de pseudointegração, sob o domínio de estruturas narcísicas, que podem mascarar-se na forma da verdadeira integração da posição depressiva e proporcionar, ou dar a ilusão de proporcionar, um grau de estruturação e estabilidade para o paciente e uma relativa isenção de ansiedade e dor.

IDEALCOOLISMO: UM OLHAR PSICANALÍTICO SOBRE O ALCOOLISMO 161

> [...] Às vezes, as ansiedades em renunciar à proteção da organização patológica parecem muito reais e o paciente transmitirá vivamente os horrores que teria que encarar se fosse para ela ser abandonada. Em outras ocasiões, no entanto, a necessidade dela é menos convincente e temos a impressão de que a dependência dela tornou-se uma espécie de vício. O paciente pode demonstrar então que tem um insight do caráter essencialmente autodestrutivo desta organização e que se dá conta, ao menos em parte, de que o equilíbrio proporciona apenas uma ilusão de segurança. Não obstante, ele adere à organização e isto parece, ao menos em parte, ser devido à gratificação perversa que ela proporciona. (p. 333, grifo nosso)

A busca da sensação de um estado ideal, por meio de uma organização específica das defesas do ego, que, para o *idealcoolista* acontece desde os primeiros tempos da sua constituição psíquica, está presente em grande número de seres humanos. É a busca dos humanos por "uma sensação de 'eternidade', um sentimento de algo ilimitado, sem fronteiras – 'oceânico', por assim dizer", como diz Freud (1930 [1929], p. 80): "Assim, estamos perfeitamente dispostos a reconhecer que o sentimento oceânico existe em muitas pessoas, e nos inclinamos a fazer sua origem remontar a uma fase primitiva do sentimento do ego" (ibid.).

Em nossa opinião, entre muitas pessoas nas quais o sentimento oceânico intensifica-se, destacam-se os *idealcoolistas*. Para eles, a necessidade de tudo abarcar e o impulso pantagruélico[1] à ingestão infinita e incomensurável produzem uma cegueira para os valores de troca, de proximidade e de solidariedade.

Essa cegueira pantagruélica, se assim podemos dizer, obriga cada sujeito a um tipo específico de submissão e estreitamento mental, de modo a tornar-se verdadeira antagonista do acesso à realidade. Essa submissão é feita em relação a um sistema, também ideológico e estreito mentalmente, que comanda o sujeito. Por que é estreito? Porque o alcoólatra vive apenas para o álcool e só pensa nele. Neste estado, o *idealcoolista* faz da ingestão seu único propósito e embriaga-se constantemente, fechando-se para outras possibilidades que a vida humana oferece, não mais por querer, mas por necessitar, ou melhor, por obrigar-se ao culto do deus Álcool.

É possível caracterizarmos o *idealcoolismo* como uma composição entre um sujeito que pretende ser o farmacêutico psicótico do psíquico e a construção de um sistema religioso apoiado em um delírio sobre o deus álcool (a religião *idealcoólica*), que prega preceitos degradados, cruéis e desumanos, com a prevalência de uma visão violenta e punitiva da experiência com o mundo, sobre as noções de realidade e beleza, particulares aos humanos que suportam as dores mentais comuns do existir.

Consequentemente, caracterizamos, também, o *idealcoolista* como o portador de um aparelho ideológico que rejeita

---

[1] De Pantagruel, rei dos dipsodos e Gargântua, ambos personagens de François Rabelais.

qualquer tipo de dor emocional, e o faz produzindo uma estreiteza mental quanto aos propósitos simbólicos e éticos da vida humana.

Imaginamos que o principal propósito da vida do alcoólatra é gerar, sucessivamente, suas alcoolizações (orações alcoólatras), se possível vivendo alcoolizado em tempo integral, escondido da realidade pelo manto líquido que o acolhe *dentro*. Esta palavra é o alvo degradado buscado. Acreditamos, também, ele elevar esse objetivo acima de qualquer outro interesse de sua existência, com o intuito de manter a prática perversa da crueldade: eis aqui o masoquismo e o sadismo nas relações (des)humanas ou inumanas do alcoólatra. Inconscientemente, ele não quer amar nem ser amado, pois rechaça a compreensão e o amor humano.

É Brenman (1985) quem expressa melhor essa ideia, quando conceitua a questão da relação entre estreiteza mental e crueldade. Ele afirma que

> a fim de manter a prática da crueldade, uma singular estreiteza mental quanto aos propósitos é posta em operação. Esta tem a função de esvaziar de humanidade e impedir que a compreensão humana modifique a crueldade. A consequência deste processo é a produção de uma crueldade que é "desumana". (p. 270)

No que diz respeito ao *idealcoolismo*, não somente a crueldade genérica está em jogo, mas uma crueldade específica, que utiliza os efeitos do álcool, associados a um tipo de onipotência e onisciência derivadas da transcendência alcoólatra, como um modo de burlar a responsabilidade de cada ato e de cada decisão contida nele, e manter-se fora da humanidade. Essa crueldade é urdida na produção fantasiosa de um estado ideal esvaziado de humanidade, em que, para o alcoólatra, não há ninguém ao seu redor: ele está só, completo e feliz, abrigado em sua organização patológica, afogado em um copo, dentro de sua crença, mergulhado em seus rituais.

Apoiados em Brenman (ibid.), podemos dizer que, para o alcoólatra, o fantasmático deus Álcool, todo-poderoso e criador de um estado de completude e invulnerabilidade é, na verdade, mais venerado e reverenciado que a própria humanidade dele próprio e de todos nós. Vivido como um deus, o álcool adquire um *status* superior ao do amor humano. A construção do pai/mãe líquidos e poderosos, substitutos dos faltantes pais reais, fantasticamente, também é cria do deus/álcool. Esse deus, insano, passa a ser mais amado que a humanidade, por proporcionar àquele que o ingere a excelência inumana e artificial da transcendência alcoólatra.

Dessa maneira, transformado efetivamente em um homem in-comum (um homem que não pode fazer uso recreativo das substâncias químicas sem se agarrar a elas e transformá-las em ato de fé), ele dá a luz a si próprio como um deus (deus filho), crente cego da religião primordial, o *idealcoolismo*. Ele acredita ser possível, pela ingestão do álcool (corpo in-corporal – substância ideal), atingir um estado psicótico de total irresponsabilidade, essencial para a manutenção da sua inumanidade.

O uso benfazejo do álcool, como bebida – se ainda houver, para o *idealcoolista* – é sequestrado e o que resta desse ato perverte-se na direção do ideal inumano. A perversão produz e dá abertura para a formulação inconsciente da religião degradada, que é o abrigo delirante do alcoólatra. Isto é, agora consubstanciado em uma complexa organização patológica, constituída por defesas que impõem a ele o ingresso em uma simbiose líquida, visível no estado de embriaguez, o alcoólatra faz um pacto e um contrato de autobrutalização com o superego, para evitar satisfazê-lo.

O alcoólatra utiliza a autoviolência como um caminho para fugir do encontro com as funções paterna e materna. Sem nenhuma interdição do mundo, mergulha na seita da *idolalcoolatria*, e não há quem lhe exerça a função paterna de interdição. Agora, ele pode "beneficiar-se" psicoticamente dos efeitos "protetores" do álcool. Nessa condição, para além do seu caráter religioso degradado, o efeito da transcendência alcoólatra fornece ao psiquismo do indivíduo o substrato básico almejado para inflar e inflamar artificialmente seu *ego* além de, simultaneamente, operar uma dissolução do superego, transformando-se, ele próprio, em *ego* ideal do ideal do *ego*.

É fato, portanto, que o *idealcoolista* no estado alcoólatra – funcionando em níveis preponderantemente mais neuróticos, perversos ou psicóticos, ao se valer dos efeitos psicossomáticos do álcool – reúne suas defesas em uma organização patológica de estreiteza mental que funciona como um abrigo contra a dor mental da sua condição humana. Nesse local, há uma seita, o *idealcoolismo*, cuja finalidade é permitir a fuga do sujeito de sua violenta angústia primordial, decaindo em práticas religiosas degradadas de adoração do Álcool, estreitando sua mente na direção da alcoolização, seu único propósito.

Observemos, atentamente, o depoimento de um *idealcoolista*, que ilustra bem os significados de refúgio da condição humana, na organização patológica alimentada pelo álcool: "Quando alguém fica doente, sai correndo para um médico: eu saio correndo para o bar". A prática de refugiar-se diante das situações de frustração e desamparo em uma organização patológica das defesas do *ego* mantém a crueldade em níveis elevados, pertinentes aos primórdios da vida, dificultando a transformação que o amor humano propicia e o crescimento de um psíquico melhor equipado, o que produz elevadas consequências inumanizadoras e desumanizadoras para a personalidade do indivíduo e para a sociedade.

10.

O *Idealcoolismo* e os masoquismos mortífero e moral

Pensamos que, no caso do *idealcoolismo*, o masoquismo ocupa um lugar central, ladeando o narcisismo, por tratar-se de uma culpa persecutória atuada e encenada pelo indivíduo, sob a forma do espetáculo de beber em excesso e tornar-se "demasiado bêbado" em relação ao contexto social, recebendo dele e de si mesmo punições, que são sentidas, inconscientemente, como maneiras de obtenção de prazer.

Essa forma desarranjada de satisfação é resultado de certa configuração na mente do *idealcoolista*, construída por ele no começo da sua vida, e surge como resultado das falhas ocorridas na acomodação do tríplice conflito entre os princípios de Nirvana, de prazer e de realidade. Nele, essa situação psíquica assume contornos mais intensos que o comum, pois o conflito é carregado pelas deficiências de suas figuras primárias: a mãe e o pai. Isso implica, para ele, em sua vida posterior, ainda mais dificuldades para lidar com a verdade e as emoções mais complexas e, por essa razão, duras de digerir. É inegável, o tríplice conflito interfere direta e radicalmente na vida mental do bebê, principalmente na de um futuro alcoólatra.

Com a prevalência dos princípios de Nirvana e de prazer sobre o de realidade, que é o mais tristonho de todos, a organização interna e a relação com o mundo se distorcem. O que pretendemos dizer? No *idealcoolista*, a modificação do princípio de Nirvana, pela pulsão de vida, parece ter sido deficiente; isso, em parte, explica a compulsão à repetição alcoólatra, que não se importa com a dor sentida, transformável em um tipo de prazer que perde toda sua coerência lógica, pois passa a inverter a tendência primária – de descarga, não de acúmulo – e torna-se masoquista.

Na mente alcoólatra, o investimento libidinal faz-se, quase exclusivamente, na excitação (no acúmulo) e na busca de um tipo de prazer que nasce de operações endógenas manipuladas pela mente imatura, desconectadas da realidade uma vez que auto-orquestradas e, depois do álcool, regidas por um farmacêutico-alquimista alucinado, que se apossa da mente do sujeito.

Em outras palavras, queremos dizer que o alcoolismo é uma forma primitiva de tentativas de controle sobre as emoções derivadas do contato com a realidade. Como? A mente é entorpecida pelo álcool, para induzir o aumento prazeroso da excitação psicossomática, ação que alivia a dor da vivência dos limites e das frustrações, dentro do próprio corpo. Por que e para quê? Porque é imatura e, então, lança mão da onipotência, a fim de poder defender-se da percepção da tristeza advinda da grande dificuldade de viver. Desse modo, turva-se a visão do real com o uso da química do álcool. Essa operação se dá em detrimento do investimento libidinal objetal necessário ao contato com a realidade, que acaba desembocando na luxúria do excesso, ou seja, na evitação de viver a falta que nos é constitutiva, com a ilusão da completude sentida no álcool.

O princípio de realidade, que propõe um adiamento da descarga e um combate contra a força da resposta instintiva, compulsiva ou automatizada, luta contra a descarga cega, à procura de outra, que leve em conta, ao máximo, tudo ao seu redor: o sujeito e o mundo. Ele implica uma maior aceitação de um quanto de tensão no próprio aparelho psíquico e maior tolerância ao desprazer, produzido pela tensão excedente gerada. No alcoólatra, a conexão do sujeito que bebe com o princípio do prazer está, de tal modo prejudicada, que, para ele, o prazer só parece ser possível em uma alienação do mundo humano e do afastamento completo da convivência com o outro. Como assinala Rosenberg (2003), o indivíduo poderia "encontrar seu prazer exclusivamente (ou quase) na vivência da excitação por um investimento maior desta" (p. 109), sem que o outro precise estar presente, pois tudo está completo: eu e eu mesmo sou autossuficiente.

Consequentemente, o *idealcoolista* em estado alcoólatra, vivenciando seu masoquismo mortífero e moral, não apenas busca o prazer desenfreado por meio de um crescente investimento libidinal na excitação alcoólatra endógena. Ele procura um prazer que só a dor oferece, que seja produtor da superlativa sensação psicorreligiosa de chegar-se a deus pelo sofrimento, como modo para a expiação de suas culpas. O prazer na dor traz exatamente isso: um alívio que nasce do excesso da carga de excitação.

A avidez oral do alcoólatra evidencia o desespero e o impulso desmedido pela ingestão. Uma ingestão rápida e em grandes quantidades da bebida alcoólica sugere que ele, inumanamente, almeja o prazer e o desprazer sem discriminação, simultaneamente. Destarte, na alcoolização alcoólatra, ocorre a realização de desejo e a punição em um só ato, situação produzida pelo delírio de identificação com um deus-pai-álcool-todo-poderoso e pelo de que sua mãe deseja ser estimulada eroticamente no mamilo, para ter o prazer de dar a vida pela qual, como bebê, implora, ao sugá-la, como se estivesse tentando sugar vida. O alcoólatra, nos momentos seguintes à alcoolização, ainda sentirá a exclusão, a culpa e, também, a necessidade de castigar-se para purgar e aliviar a culpa que o persegue, bebendo mais e outra vez.

Freud faz-nos ver, com sutil habilidade, que o ser humano vivo é um ser em um estado sensorial de tal sensibilidade sexual que se encontra muito próximo da experiência que, mais tarde, chamamos de sensual, estado nomeado por ele de pansexual. Como se tudo fosse uma confusão, qualquer tipo de alívio lembra mais o gozo sexual que uma construção propriamente humana dos sentimentos e do pensamento. Ou seja, Freud fala de um homem *muito excitado* com tudo, e que faz qualquer coisa para livrar-se dessa excitação, pagando qualquer preço. Muito excitado, mas muito pouco continente para tanta excitação, implicando um tipo de homem mais habilitado para livrar-se dos problemas do que para lidar com eles. O ser humano é inicialmente um animal mamífero instintual que, para não ser atingido e derrubado por toda excitação interna e circundante que demanda atitude evoluída e serena frente a situações de severa dificuldade, apela para a degradação de sua própria ética. E ativa mecanismos de alívio de tensão que lembram os processos de excitação e descarga encontrados nos atos sexuais instintuais, e não o desenho dos atos feitos a partir da pulsão, da inserção na cultura e do pensamento, triviais para os maturos ou poetas/cientistas, mas não para os loucos e os animalescos.

Freud pensa que esse homem é orientado pela busca desesperada de um alívio que o aquiete internamente, mas, além disso, que esse desespero pode impedir o pensamento, a civilização e, em última análise, a existência do próprio homem, uma vez que, para poder viver, está condenado a privar-se da satisfação completa e impensada de seus desejos sem rumo. Freud sabe que precisamos viver em grupo, porque, sós, não damos conta do recado. Daí, nasce a solidariedade humana, na qual as coisas unem-se e retornam para o problema do *idealcoolista*; pois, para alguns, esse modelo é insuportável e, dele, provém um tipo de busca que envolve distorcer a lógica da descarga e substituí-la por um estado de excitação sem controle, finalidade ou objeto. Tensão e mais tensão. Morte quase completa do pensamento e do sujeito inteligente.

De alguma forma, Freud vê em nós um bando primitivo de buscadores de prazer (*pleasure seekers*). Nossa lógica assemelha--se à das máquinas, mais que à dos bichos: somos feitos apenas para descarregar tensão sem uso de processos continentes que funcionam como recipientes, nos quais são constituídos os pensamentos e as ações específicas para cada desafio. Estamos em contínuo processo de movimento e mudança, características básicas de todo ser vivo, motivo pelo qual ele evidencia, também, que nosso aparelho psíquico é regido por três princípios básicos (1924):

> O princípio de Nirvana expressa a tendência do instinto de morte que quer conduzir a inquietação da vida para a estabilidade do estado inorgânico.
> O princípio do prazer, que representa as exigências da libido.
> O princípio de realidade, que é a modificação do princípio do prazer pela realidade, representando a influência do mundo externo. (p. 178)

Desejamos esclarecer: além do que Freud diz, acatamos sua postulação quanto à existência de duas pulsões, ou de duas tendências antagônicas – a de vida e a de morte – que se entrelaçam e, fusionadas em proporções variáveis no psiquismo humano, lá permanecem desde o início da vida.

Rosenberg (2003) nomeia este entrelaçamento de "intrincação pulsional primária".

Para esclarecê-la, podemos dizer, *grosso modo*, que a primeira (a de vida) age como uma força que objetiva manter e desenvolver a vida e que a segunda busca conduzir à morte aquilo que está no vivo. É uma contratendência viva contra o vivo. A primeira tem a força de ligar; a segunda, de desligar. A primeira simboliza, a segunda age sem pensamento. A primeira constrói e mantém, a segunda desfaz e desfaz-se. Assim, consequentemente, entendemos que a excitação bruta instintual pode ser ligada pela libido e, aí, transformar-se em manancial de vida, entrando na mente como força de trabalho, por meio do desenvolvimento do mundo mental, pulsional e emocional, a partir da ampliação da capacidade simbólica, da subjetividade, da criatividade, desde que o sujeito possa entristecer-se um pouquinho, para, enfim, desfrutar de um prazer mais modesto que a realidade oferece, diferente daquele propiciado pela loucura alcoólatra.

Todavia não se deve esquecer que os impulsos podem ser direcionados para o des-crescimento ou para aquilo que entendemos como uma direção desfavorável à vida da energia psíquica que permanece em estado livre – bruto – e que se apresenta por movimentos destrutivos predatórios. Freud enfatiza, portanto, que a presença da pulsão de morte no psiquismo impele na direção da autoextinção, por meio de uma descarga completa de sua própria energia, ou da extinção da vida no outro, com seu assassinato.

A pulsão de vida (a conectora) é aquela que provê o crescimento do corpo, do psiquismo e das relações, e sua evolução aponta para estágios cada vez maiores e mais complexos de funcionamento, com ações cada vez mais especializadas. A pulsão de morte – o impulso destrutivo--predatório que desconecta, rompendo o vínculo entre objetividade e sentido – é aquela que quer impedir o desenvolvimento e forçar o organismo no sentido de retornar cada vez mais a níveis anteriores de sua evolução, nos quais os atos são mais intensamente primitivos, perigosos e mortíferos.

Ou seja, enquanto os movimentos vitais agem para ampliar, multiplicar, unir, agregar, especializar e integrar, os mortíferos, para reduzir, generalizar, dividir, separar, desagregar, vulgarizar, desunir, desconectar, desintegrar e destruir.

Lembramos que a destrutividade não atua necessariamente contra a vida, pois, sem ela, também não há vida. Há algo de necessário na destruição não predatória. Para a vida do corpo, por exemplo, é necessária a destruição do alimento antes da ingestão, para gerar a vida de tal forma que seja transformação, uma vez que passa por um processo de digestão, que separa o útil do inútil. A pulsão de vida envolve a pulsão de morte destrutiva-predatória e a coloca a serviço da manutenção e do desenvolvimento da vida, dando-lhe uma finalidade de vida humana. Somente com um uso construtivo da agressividade destrutiva, capturada pela libido vital, o indivíduo consegue promover autocrescimento, emancipação, maturidade e prosperidade. Dessa forma, pode compreender claramente que todo homem não está só, mesmo quando está desacompanhado.

Portanto, somos forçados a concluir que a pulsão de vida é o elemento que envolve e liga a agressividade destrutiva e a transforma em ânimo, investigação e conhecimento. É o que leva o indivíduo a avançar, prosperar e progredir, saindo de um ponto atrás, de desenvolvimento antigo e precário, para outro adiante, com mais crescimento. Deslocar-se de um estágio anterior, com menos recursos, para os subsequentes, com mais recursos, deixando a rigidez do pensamento para buscar criatividade e maior flexibilidade, além de disposição para lidar com a complexidade.

Isso vale para o desenvolvimento psíquico humano como um todo e observa-se com nitidez nas passagens cruciais do desenvolvimento humano: do bebê à criança, do adolescente à condição adulta e desta à velhice.

Na medida em que o ser humano vivo é um corpo e uma mente, suscetíveis de serem excitados – e de produzirem, receberem e trocarem estímulos –, faz-se necessário, mais uma vez, retomar a questão do masoquismo erógeno como uma questão essencial da tolerância a estímulos que são, em última análise, dolorosos, mas cuja dor é necessária para a vida. Melhor dizer 'essencial', por ser o elemento que permite à vida ter algum sentido para além da obrigação de gozar, descarregar e achar que, para ser feliz, bastaria desenvolver um tipo de prazer restrito a livrar-se de qualquer estímulo, intoxicando-se, para tentar desvencilhar-se dos limites da condição humana. Devemos notar, nesta porção de masoquismo, uma fonte geradora e defensora dos encargos e do sentido – dolorido – da vida: a dor possibilita compreender o que milhares de horas didáticas não ensinam. É nesse ponto que o masoquismo instala-se como capacidade de tolerar, entristecer, não como uma patologia, e que a verdadeira aprendizagem com a experiência inicia-se. Esse masoquismo está na contramão daquilo que propõem os princípios de Nirvana e a pulsão de morte, sendo um grande associado da realidade e inimigo da estupidez e da brutalidade. Freud (1924) define assim o masoquismo erógeno primário:

> A libido tem a missão de tornar inócuo o instinto destruidor e a realiza desviando esse instinto, em grande parte, para fora – e em breve com o auxílio de um sistema orgânico especial, o aparelho muscular – no sentido de objetos do mundo externo. [...] Outra porção não compartilha dessa transposição para fora; permanece dentro do organismo e, com o auxílio da excitação sexual acompanhante acima descrita (coexcitação), fica lá libidinalmente presa. *É nessa porção que temos de identificar o masoquismo original, erógeno.* (p. 181, grifo nosso)

Por qual motivo enfatizamos isso, de novo? Parece-nos ser mais uma vez necessário dar luz a uma das questões cruciais e centrais imposta pelo desafio da compreensão do *idealcoolismo*.

Rosenberg (2003) é nossa referência no esclarecimento do tema; falando de uma excitação que, como último recurso, acalma.

Ele nos diz que, na missão de tornar inócuo o instinto destruidor, desviando-o para fora por projeção, uma quantidade da quota destrutiva é projetada, mas que não devemos nunca nos esquecer: uma parcela dessa destrutividade permanece dentro. Esse movimento de unir e integrar os impulsos projetivos pode corresponder a um maior ou menor êxito do trabalho da pulsão de vida na construção de defesas e conexões a favor da vida, quando a constituição do masoquismo erógeno e a libidinização do objeto acontece. É ressaltado quando aponta que "o papel dessa 'proporção' é capital: quando ela muda, quando o papel do masoquismo torna-se preponderante com relação à projeção, proporcionalmente a essa mudança, o masoquismo evolui também de guardião da vida para masoquismo mortífero" (p. 111).

E mais nos ensina ao afirmar que esse masoquismo mortífero manifesta-se quando há uma desintrincação pulsional, um tipo de mistura entre os instintos de vida e de morte que, desafortunadamente, não permanece equilibrada: a agressividade desgarra-se em sua ação, tornando-se predatória. Assim, uma parte da destrutividade, a pior, cresce e, aproveitando-se do atordoamento da libido no interior do organismo, altera um caminho primário de investimento prazeroso libidinal, introduzindo no ato de alívio do sofrimento outro ato, da ordem do prazer no sofrimento – gerando uma parceria fiel com o eternamente presente impulso para a morte ou para a degradação. Essa mudança de rumo, ou inversão de sentido, toma a forma de um desejo e de uma tendência – nomeadamente: o masoquismo. Em uma palavra, agora, há um novo prazer, e ele está, desse ponto em diante, deformado – é o prazer na dor. Ou seja, Rosenberg destaca que o investimento libidinal na excitação é maior que na descarga.

Assim, a maior parte da excitação destrutiva acaba permanecendo dentro do organismo. Algo como uma irritação ou um ódio de si, um ódio-próprio, formula-se um horror de si, que por nada é vivido prazerosamente.

Seja como for, e pelo caminho possível, o problema assim se estabelece: uma parcela vital, libidinalmente presa e atada, é somada a uma maior, mortal e desordenadamente livre. Assim se produz um masoquismo mortífero, cuja lógica o alcoólatra assimila para ingerir o álcool, como se a excitação desmedida fosse prazerosa e uma defesa contra a realidade, deformando o sentido autopreservativo que o binômio dor-prazer possui.

Em outras palavras: a questão não está ligada apenas às experiências de carga e descarga, trata-se, também, de apontarmos uma mescla mal proporcionada dos instintos (*a priori*) e das pulsões (*a posteriori*). Ou seja, quando a desintricação é desproporcional implica a constituição de um sujeito, que passa a sentir prazer no aumento, cada vez mais excitante e desmedido, da carga de elaboração suportada pelo âmbito psíquico O sujeito, não aproveitando a descarga, priva-se dela para aumentar a excitação, fazendo, com tal, um crescente investimento libidinal, prazeroso, um masoquismo que ensina a gozar com a dor, e não a aprender com ela.

Aí se encontram os germes da patologia: a excitação sem sentido, a energia não ligada, portanto destrutiva, sentida prazerosamente. Ela é predatória e intensificada por um prazer sexual a ela adicionado, acompanhada pelo prazer libidinal na elevação da excitação. Dessa forma, o psiquismo investe em um prazer excitante endógeno, apartado da realidade e do mundo externo, que nunca encontra descarga, descanso ou alívio. Ou seja, vive daquilo que provoca algum tipo de desprazer para acalmar-se e, mais que inverter ou perverter a tendência natural do aparelho psíquico, torna-a central e necessária. É apresentada, portanto, uma saída que distorce e define a dor como uma nova forma de prazer, que se manifesta "como (um) prazer da excitação em detrimento do prazer da descarga enquanto satisfação libidinal objetal". Desta forma, de modo correlato, o indivíduo "investe masoquistamente todo o sofrimento, toda a dor, todo o território do desprazer; ou quase todo" (Rosenberg, 2003, p. 109).

Para melhor compreendermos a situação: quando o excesso passa a ser sentido não mais como uma ameaça interna para a integridade do *ego* e da vida psíquica, mas como um alvo do investimento libidinal, as coisas vão mal, a perversidade presentifica-se e o *idealcoolismo* torna-se uma das alternativas, no leque de atos perversos que destroem o sentido das coisas feitas com certa finalidade, mudando a direção para outra sem sentido e completamente alheia a original.

Para enfrentar tal perigo, costuma-se deslocar a energia da pulsão de vida através do investimento libidinal no *ego* para reforçar e fortalecer a pulsão de autopreservação, o que se realiza às custas do retraimento da libido objetal.

Como reforço, citamos Freud (1914):

> Assim, formamos a ideia de que há uma catexia libidinal original do ego, parte da qual é posteriormente transmitida a objetos, mas que fundamentalmente persiste e está relacionada com as catexias objetais, assim como o corpo de uma ameba está relacionado com os pseudópodes que produz. [...] Também vemos, em linhas gerais, uma antítese entre a libido do *ego* e a libido objetal. Quanto mais uma é empregada, mais a outra se esvazia. (p. 81)

E Rosenberg (ibid.), que afirma:

> [...] o paradoxo do masoquismo mortífero reside no fato de que a superpreocupação com a autoconservação ameaça a vida psíquica. E isto de tal maneira que fomos levados a afirmar (cap. IV, III) que a vida só pode se conservar, durante muito tempo, pela expansão da vida, expansão que está na natureza da pulsão de vida, mas que é a obra do polo libidinal-objetal dessa última. (p. 36)

Isso significa que, como os riscos não são devidamente avaliados e o sujeito age por impulso, ele abandona o mundo e os outros, para cuidar de sua sobrevivência de um modo tão intensamente narcisista que o exclui do contato com o fundamental: o vínculo com o externo, que é a única possibilidade de vida; e desespera-se, porque inconscientemente tem a percepção de esta não ser uma saída eficiente contra os temores de morte. Mesmo assim, investe masoquisticamente em um tipo de autoconservação, que podemos chamar psicótica, uma tentativa de conservação cega da própria vida, excluindo a importância do outro, pois só seu *ego* frágil precisa ser defendido e é a única necessidade premente.

Relembramos que o masoquismo guardião da vida

> transforma o prazer em um prazer-desprazer, em um processo que inclui não somente a descarga, mas também, em certa medida, a excitação; é aquele que se constitui como núcleo primário do *ego* e que através do investimento libidinal, na ligação da excitação, *torna a excitação ou o desprazer aceitáveis, pois sem excitação não há vida; é a extinção, a morte*. (Rosenberg, ibid., p. 108, grifo nosso)

É contra essa extinção que a *idolalcoolatria* promove que pretendemos advogar, incluindo o maior número possível de pessoas em uma militância favorável à construção do humano, um pouco por dia.

Chegamos à questão masoquista no alcoolismo, especificamente, no alcoólatra.

Aquele que adota o *idealcoolismo* como prática, normalmente, teve tanto maior destrutividade interna quanto déficit em seu processo de intrincação pulsional primária. Ou seja, o alcoólatra, em seu psiquismo, tem mais impulso de morte dentro de si do que o recomendável e os vínculos que amarram *simbolicamente* as forças pulsionais ativas são insuficientes e fracos, exercendo quase nenhum domínio sobre as ações da vida mental. É provável que, no alcoólatra, a maior parte da pulsão destrutiva não tenha sido projetada nem forçada protetoramente para fora, tendo permanecido, em proporção, maior que a adequada no interior do psiquismo em formação, levando-o a uma desordem na condução mais apropriada tanto das pulsões de vida quanto das de morte.

Esse é um movimento que põe em risco a verdadeira segurança do sujeito e compromete a qualidade de sua autoconservação. Porém, sempre é válido lembrar que Freud apresenta-nos um aspecto necessário do masoquismo, sem o qual toda excitação (ou dor mental) na vida não seria possível de ser suportada e menos ainda constituída. Ele nomeia esse masoquismo de erógeno primário, e sugere que, pela sua existência, podemos conter a dor de viver, abrindo a possibilidade de ser recomendável usar certo masoquismo para suportá-la. Ou seja, é a trama entre alegria e tristeza que permite o equilíbrio vital ao ser vivente, daí a necessidade de discriminarmos euforia de alegria e depressão melancólica de tristeza, o que

Freud parece ter tentado explicitar ao falar de um masoquismo da ordem da necessidade, e não da do desejo.

Em suas considerações introdutórias (1924), ele distingue o princípio de prazer do princípio de Nirvana, a partir de uma ação da pulsão de vida, afirmando que "se o sofrimento e o desprazer podem não ser simplesmente advertências, mas, em realidade, objetivos, o princípio de prazer é paralisado – é como se o vigia de nossa vida mental fosse colocado fora de ação por uma droga" (p. 177).

Mesmo que seja necessário à boa compreensão de nossa teoria saber que o masoquismo tem um papel de guardião de nossas vidas, temos primordialmente de pensar que, no caso do nosso *idealcoolista*, é provável ter havido uma falha na operação de uma manobra eficiente para a intrincação dos princípios de Nirvana, prazer e realidade, devido a uma insuficiente ação do instinto e da pulsão de vida. Por consequência, uma confusão interna gerou uma defesa, complicando a diferenciação dos três princípios, com o predomínio relativo da mistura dos princípios de Nirvana e do prazer. Essa defesa facilita ao *idealcoolista* fazer, da *idealcoolização*, um método que paralisa o guardião de sua vida como um todo, impedindo a autopreservação tanto física quanto mental, e o conduz a uma repetição compulsiva de um princípio econômico, que não dá conta de produzir o adequado equilíbrio entre as pulsões de vida e de morte.

Em resumo, por meio de seu masoquismo mortífero, o *idealcoolista* põe fora de ação o guardião amoroso de sua vida, quem sabe que a dor pode ser útil e necessária para a vida como sinal de advertência e para conter a violência instintual mais primitiva. Em troca disso, suportar a dor com o auxílio de um uso peculiar do álcool oferece para o alcoólatra um alívio que, contrário a tudo, nasce da excitação, e não da descarga. Com isso, ele substitui, ou ainda, confunde de modo gravíssimo excitação com apaziguamento e troca sua vida mental por uma pseudovida, que exige associação com uma droga (excitante/apaziguante) para ser, supostamente, uma vida mental humana. Droga que, em nosso caso, é o álcool.

É como se o masoquista – e, por consequência, o alcoólatra – formulasse em seu sintoma um desejo inconsciente de brincar com a morte; provocá-la, desafiá-la, desprezá-la. Na verdade, ele investe em um flerte com a possibilidade de viver em um lugar fora da curva da mortalidade e da realidade humana. O *idealcoolismo*, e sua ligação direta com o masoquismo mortífero, é o sinal de uma inversão de lógica da direção ou de destino do prazer. A lógica da descarga não cede lugar para a lógica de uma carga ser condição necessária para formular-se um tempo no qual se pode sentir alguma dor sem agir, fato que possibilita o pensamento antes da ação. Se a inversão é recomendável por ser condição do pensamento, tudo bem, mas, quando ela é levada a um tipo de limite que excede o ponto de equilíbrio e passa a não ser mais a dor necessária, e sim a do *desejo* de expiação, o grau patológico já se manifestou e passamos a lidar com um problema de tamanho considerável. É nesse limite, em que devemos marcar o começo de uma ruptura, que se dá a origem da patologia do *idealcoolismo*, no qual o indivíduo mantém-se conectado ao desejo de acalmar-se com a dor.

Acalmam-se com a dor, então, aqueles que investem na excitação, motivo exato pelo qual dizemos que eles a sexualizam, por meio de um crescente investimento libidinal, feito nos efeitos psicossomáticos da química do álcool.

Lembramos Freud (1924), que afirma:

> Em meus "Três ensaios sobre a teoria da sexualidade", na seção sobre as fontes da sexualidade infantil, apresentei a proposição de que, "no caso de um grande número de processos orgânicos internos sem conotação sexual, a excitação sexual surge como um efeito concomitante desses processos orgânicos internos, tão logo a intensidade deles passe além de certos limites quantitativos". De fato, "bem pode acontecer que nada de considerável importância ocorra no organismo sem contribuir com algum componente para a excitação da pulsão sexual". De acordo com este fato de que "nada de considerável importância ocorre no organismo sem contribuir com algum componente para a excitação da pulsão sexual, a excitação do sofrimento e desprazer estaria fadada a ter também o mesmo resultado de contribuir com algum componente para a excitação da pulsão sexual". (p. 180)

Esse degradado prazer sexual é alcançado, porém, da mesma forma que alcançam o prazer sexual aqueles que pornografizam seu vínculo com o mundo e vivem masturbando-se com ele. Tanto o pornografista quanto o *idealcoolista*, dessa forma, diminuem o valor ético do objeto e o valor reassegurador do convívio humano, que se dá no campo do possível. Isso gera uma busca descontrolada por obtenção de prazer a qualquer preço, motivo pelo qual abusam dos efeitos psicossomáticos da excitação que o álcool oferece para esse fim, abusando de si e de sua autoconservação, tanto quanto daquilo que pode causar medo e, portanto, da ordem do perigo, pelo valor afetivo que guarda em si em sua existência. Isto é, ocorre uma busca de excitação como forma deturpada de atingir pleno prazer. Assim, o alcoólatra confunde a experiência do prazer com a de alívio que, para ele, só pode ser gerado por um aumento anormal na carga da excitação, exemplo nítido do que qualificamos masoquismo mortífero.

É importante que se note: de alguma forma, a formulação do masoquismo pode ser uma operação que visa satisfazer um desejo secreto de confundir e substituir o gozo pela morte. É esse movimento o gerador de uma espécie de vício patológico pela quase morte, a culminar em um modelo mental no qual o álcool funciona como um deus a ser idolatrado e obrigatoriamente ingerido. Esse modelo desencadeia um processo que é muito prazeroso, porque desobriga o alcoólatra de defrontar-se com sentimentos, falseando, nele, a existência do humano com a autossuficiência nascida da satisfação pelo aumento da tensão. O investimento libidinal da excitação alcoólatra transforma a meta do alcoólatra não apenas em beber, mas em fazê-lo para obter um gozo religioso e místico que o transforme em deus, o que finda por lançar o portador da doença do *idealcoolismo* em um mundo pré-psicótico ou francamente psicótico, quando embriagado no estado alcoólatra.

Todo esse processo é uma degradação ética e uma organização mental do masoquismo mortífero, que preside a cena. É, também, uma espécie de derradeira tentativa de salvaguardar a vida psíquica em um mínimo de sobrevivência e não entrar em colapso com sua tamanha destrutividade predatória, mas ele a investe toda contra si e adoece, dispendendo a agressividade de modo desorganizado, confundindo-a com destruição cega. Sua única via de escape é enlouquecer, para não se sentir humano, e apostar que, para se livrar da dor mental, o melhor é seguir investindo na excitação e na aposta de um gozo maior do que aquele proporcionado pelo prazer, buscando um prazer que só obteria com um investimento concomitante na dor. Assim, o investimento libidinal é dirigido para a obtenção de mais e mais prazer, na excitação produzida pelo álcool, sem medir as consequências. O processo assume o controle dos movimentos da economia psíquica do alcoólatra e o sujeito organiza um funcionamento mental que o faz crer no seguinte: o que vale a pena é excitar-se por uma excitação sexual (libidinal) alcoólatra do álcool, destruindo a possibilidade de sofrer o prazer e de sofrer a dor que, se sentidos e não atuados, podem servir de organizadores vitais.

O procedimento mental de desenlaçamento da excitação que chega do processo primário (inconsciente) para o consciente enfraquece a constituição do *ego* naquele regime de colocá-lo no imediatismo de satisfação, próprio do id. Sendo assim, a possibilidade de suportar a excitação por tempo suficiente, para sua elaboração adequada no pensamento, passa a não conseguir tornar a excitação interna aceitável, dentro de certos limites, fazendo com que o indivíduo seja intensamente sensível às situações adversas externas, então sentidas como intoleráveis, desprazerosas, plenas de frustração e carregadas dos sofrimentos da finitude, incompletude e desamparo, conduzindo-o a um abuso do álcool, para, de imediato, ficar livre da capacidade de sentir a condição humana: para ele, a origem de todas as angústias.

Juntam-se a tal estado de coisas as questões que o princípio de realidade[1], ainda ativo, tenta propor e que, desorientado pela mudança subterrânea de regras básicas do sistema, enfrenta enormes dificuldades em permanecer sendo o norte da bússola psíquica. No masoquismo alcoólatra – última hipótese de sobrevida –, passa-se à busca de um prazer sem direção ou sentido, mais pertinente ao princípio de Nirvana que ao de prazer/realidade, pois, nele, o princípio de prazer está significativamente mesclado ao de Nirvana/instinto de morte por falhas no enlaçamento da excitação operado pela pulsão de vida e o princípio de realidade opera com espaço de ação psíquica bastante reduzido.

---

[1] O princípio de realidade propõe um maior adiamento da descarga. Oferece descargas pequenas, para que o psiquismo vá se compensando, enquanto o estímulo bruto ou se ligue pela libido, ou busque uma saída. Há, em decorrência, uma aceitação provisória do desprazer gerado pela tensão da excitação.

Por tudo isso, o alcoólatra sente a experiência do real humano como estranha, catastrófica, não pensável, ininteligível e, no mínimo, muito ameaçadora, uma vez que é vista como ofensa ou ataque contra seu ego. A realidade é experimentada como uma crueldade vinda do exterior contra ele. E ele segue crendo que o mal vem de fora, dos outros humanos. Daí a afirmação de que, qualquer coisa que o desagrade, é encarnada como um ataque, uma perseguição contra ele e sua própria vida. Paradoxal, não? A realidade é experimentada, pelo alcoólatra, de forma arrasadora, como se ela fosse contra sua vida e o viver. A sobrevivência só parece ser possível a partir de um investimento masoquista mortífero crescente, apropriando-se da excitação alcoólatra como defesa egoica contra sua vulnerabilidade excessiva e contra o conhecimento de si mesmo. Dessa forma, ele enevereda pela insana religião degradada que se celebra em seu refúgio psicótico da transcendência alcoólatra.

Pois bem, assim como na anorexia mental grave, em que o indivíduo vivencia uma espécie de orgasmo extraído da ausência de alimento, pelo recorrente investimento libidinal prazeroso no desprazer da excitação produzida pela fome, no *idealcoolismo*, o sujeito alcança tal tipo de orgasmo por meio do progressivo investimento libidinal na excitação produzida pelos efeitos químicos do álcool.

Nessa situação, é construído o peculiar narcisismo do alcoólatra, não o derivado dos processos internos que dão a base para a constituição de um narcisismo de vida, que pode levar o sujeito ao amor-próprio. Pelo contrário, no caso do alcoólatra, o narcisismo será obtido por outra via, a da excitação narcisista exógena, vinda por intermédio do álcool exterior, que o isenta do compromisso com a responsabilidade, tanto por si quanto pelo outro. Para sua constituição, um narcisismo de morte, ele usa a excitação gerada pelos efeitos químicos da ingestão, e o faz de modo desmedido até atingir a excitação que lhe é calmante por levá-lo a outro mundo.

Naufragado em culpa persecutória insuportável, que, na verdade, não é o que se pode chamar de culpa, mas que, de toda forma, não passa pelo pensamento, toda vez que volta à realidade humana pós-alcoolização, ele precisa de uma nova dose de alienação. Então, desenvolve uma ilusão de autocura pela nova ingestão de álcool, que o leva novamente à experiência de sentir-se um deus – ou uma prótese de deus ou, mais precisamente, de um deus qualquer, sem nenhum significado nem nome – e arrogar-se, mais uma vez, o direito de julgar o mundo e alterá-lo dentro de si, produzindo um novo psíquico que agora nasce do álcool.

Falamos de um narcisismo que é sem reflexo no olhar humano; que é nascido de um reflexo que não vem da difícil convivência com o outro. Um narcisismo aprisionado no reflexo de sua própria loucura, que passa a adorar-se como um membro glorioso do exército dos adoradores de álcool. O alcoólatra transubstancia com sua alquimia os poderes do líquido álcool em corpo incorporal – substância ideal, um prolongamento da garrafa que guarda a "excitação da excitação" de sentir-se divinamente ungido por deus e, o que é a mesma coisa para ele, por si próprio.

Paradoxalmente, o narcisismo mortífero alcoólatra passa do uso do masoquismo guardião da vida para o uso do masoquismo mortífero, que é puro desejo de morte, um desejo de dor e de sofrer que, por sua vez, deforma o sentido do humano. Os efeitos desse narcisismo e do seu correspondente masoquismo mortífero são notáveis e geram consequências gravíssimas, que produzem no *ego* do sujeito uma progressiva alienação de si mesmo, do real, do mundo humano e da convivência com os outros. No narcisismo alcoólatra, os outros ocupam o lugar de acusadores, fontes de culpa e perigo para a vida inumanizada, desumanizada e paradisíaca que o alcoólatra quer levar.

No processo de humanização, conta-se com a coalescência entre a libido e a agressividade, em uma vida humana erotizada e limitada tal como ela é, o que produz a mobilização dos recursos vitais, incluindo o pensar e o aprender com a experiência (Bion, 1994), para enfrentar o desprazer, o mistério, o enigma, a inconstância e a vulnerabilidade da existência humana.

Há também a busca por um prazer restrito a um caminho conduzido pelo princípio da realidade e pela sua ação eficaz. Nesse sentido, a existência de um masoquismo de vida, cuja função é assegurar a aceitabilidade necessária da excitação, não impede a satisfação libidinal objetal (descarga) como ponto culminante do prazer, algo de algum modo protetor do sujeito comum.

Considerando a posição da pulsão de morte no processo de humanização, citamos Rosenberg (2003), quando afirma que "não se trata de satisfazer essa pulsão, mas de encontrar um meio de não satisfazê-la: não se trata de encontrar os meios de espera-adiamento da satisfação, mas de impedir, pelo máximo tempo possível, sua satisfação" (p. 93).

No *idealcoolismo*, entretanto, há um processo oposto de inumanização, de distanciamento do princípio da realidade e de prevalência dos masoquismos de morte e moral, pois, para o *idealcoolista*, sentir-se humano é sua principal fonte de desprazer e sofrimento, ou fonte de ininteligibilidade.

Reafirmamos que o indivíduo torna-se alcoólatra para não se sentir humano, isto é, alcooliza-se para fugir da quota de sofrimentos e desprazeres próprios da condição humana. Sofrer a dor sentida não é possível, porque sentir é diferente de ter a sensação, e esta operação, no alcoólatra, é eliminada pelo sistema que se inverte quando passa a investir na dor apenas para ter sensações, jamais para senti-la. Os sentimentos são muito difíceis de ser experimentados por ele, por ele os vivenciar desproporcionalmente, grandes e esmagadores, em razão do pequeno prevalecimento de seu masoquismo guardião da vida, que ajuda a suportar a frustração e o desprazer.

Nessas condições, a conduta do *idealcoolista* mostra uma dupla rebeldia, que se expressa, primeiramente, em seu sadismo, com fantasias jubilosas, plenas de conteúdos gozosos de santificação da vingança, justiça cega e liberdade sem pensamento; elementos emocionais acionados para fazer frente ao mundo humano. Por quê? De início, porque o prazer proporcionado pela vida humana é insuficiente para quem quer viver uma espécie de prazer absoluto. O mundo humano mais entristecido implica satisfação que dependa da presença do outro; é a libido objetal que está em jogo, e ela é difícil de ser alcançada pelo alcoólatra, uma vez que ele bloqueia a função de convivência com o outro, quando a recobre com mecanismos de seu ativo masoquismo mortífero: a convivência com o outro será sempre um espaço de sofrimento. Em segundo lugar, sua rebeldia acontece porque, para ele, ser humano é sinônimo de estar entregue às profundas angústias de aniquilamento, desamparo, culpa e ao peso devastador das excitações eróticas que, por serem dirigidas aos outros, obrigam-no a ter e manter uma relação de envolvimento para a qual ele não possui espaço psíquico.

Como o masoquismo guardião da vida está pouco disponível para a vida mental do *idealcoolista*, o que a torna fonte de sofrimentos cruciais, ele procura, por meio do álcool, curar-se do psíquico que o faz sofrer. Ele não tolera viver a vida sob as tempestades contínuas de sua intensa angústia diante de qualquer frustração, pois, para ele, a percepção da existência do psíquico leva ao desespero depressivo, e tal depressão, tão necessária ao pensamento, não é compatível com os estados maníacos e de estupidificação que o alcoólatra desenvolve, como salienta Fédida (2002, p. 112).

O *idealcoolista* procura, então, o prazer e o desprazer inumanos na ingestão alcoólatra, o que o impele ainda mais para a crença em uma religião degradada *idealcoólica*, que propõe uma vida ideal e imortal. Para tal, o alcoólatra, em sua onipotência, desconhece suas limitações, transformando o *idealcoolismo* em uma religião de intenso risco, sem que ele, como seu fiel, aperceba-se disso.

Na sucessão do processo, o *idealcoolista* vê que, após a metabolização do álcool por seu organismo, surge um desespero depressivo de maior intensidade, com uma culpa insuportável e sem nome. Seus sofrimentos e erros, contudo, não o levam a aprender com a experiência – nem há o registro do vivido, como algo experimentado –, parecendo haver um objetivo de expiação de culpas contraídas outrora, ilusórias, pois são consequência de crimes cometidos, sendo mais complexos de culpa sem causa. Ele não se dá conta das culpas do momento em que está, do dia a dia: ele sofre não pelo outro e nem pelo desvario de suas ações executadas no presente, como alcoólatra.

Assumindo o estado alcoólatra, para o *idealcoolista*, por acréscimo, vem o ganho secundário de ser desvalorizado e penalizado, o que representa uma ampliação de seu flagelo também em relação ao mundo externo, pois, socialmente, as referências ao alcoólatra são as mais desfavoráveis possíveis, com críticas carregadas de alto grau de aviltamento e humilhação.

Sobre o alcoólatra diremos, com Freud (1924), que "a interpretação óbvia, à qual facilmente se chega, é que o masoquista deseja ser tratado como uma criança pequena e desamparada, mas, particularmente, como uma criança travessa" (p. 177).

Todo alcoólatra, por se sentir infantil, quer ser tratado como uma criança pequena e desamparada, e sua travessura nodal, em seu brutal atrevimento, é sua forma e seu modo de beber pervertido, que resulta progressivamente de seus desejos em ser castigado ou, de modo metafórico, da construção de uma imagem de tremenda feiura. Em última análise, o alcoólatra deseja ser da mesma forma, como observa Freud (1924) sobre o masoquista moral: "amordaçado, amarrado, dolorosamente espancado, açoitado, de alguma maneira maltratado, forçado à obediência incondicional, sujado e aviltado" (p. 179).

Concomitantemente, os perigos da perda de saúde, da sanidade mental, da família, da atividade profissional, do dinheiro, desastres físicos de várias ordens e até a possibilidade efetiva da perda da própria vida, não são sentidos como ameaçadores, mas vividos inconscientemente como objetivos de prazer, até atingir o sofrimento final condutor do estado mortal que, no fim das contas, pode ser alcançado, se o processo de *idolalcoolatria* não for interrompido.

Completando as considerações sobre os masoquismos no *idealcoolismo*, ressaltamos que este dramático processo de inumanização e desumanização (de degradação do amor por si e pela vida humana) e de destruição predatória, promovido pelos masoquismos mortífero e moral, que nele têm presença garantida e pode conduzir o alcoólatra à morte, fazem-nos lembrar das palavras de Freud (1924):

> O masoquismo moral, assim, se torna uma prova clássica da existência da fusão do instinto. Seu perigo reside no fato de ele originar-se do instinto de morte e corresponder à parte desse instinto que escapou de ser voltado para fora, como instinto de destruição. No entanto, de vez que, por outro lado, ele tem a significação de um componente erótico, a própria destruição de si mesmo pelo indivíduo não pode se realizar sem uma satisfação libidinal. (p. 188)

11.

Rancor, ressentimento e vingança: traços psicológicos característicos do *idealcoolismo*

Com base nos conhecimentos clínicos adquiridos, chamamos a atenção, no capítulo 8, para a necessidade de investigar-se mais profundamente a possibilidade de haver uma relação perturbada mãe/bebê em indivíduos que se intoxicam e para que se observe ser essa relação uma das bases patológicas da doença do alcoolismo ou do *idealcoolismo*, como o temos nomeado.

Em nossos estudos da literatura psicanalítica, e na experiência clínica com o alcoólatra, caracterizamos tal relação – mais que necessário – povoada pelos rancor, ressentimento e desejo de vingança, traços psicológicos típicos do *idealcoolismo*. A culpa persecutória que pede castigo (auto e hetero) é um dos fatores mais importantes na constituição do caráter do *idealcoolista*.

Malabarismos, manipulações e jogos psicóticos por vezes perversos entre o bebê e sua mãe, que acabam expressando-se no alcoólatra, são impulsionados por esses traços emocionais e levam o indivíduo a criar um sem-número de caminhos para justificar, todos os dias, o "só bebo uma, só uma", que antecipa o início da alcoolização daquele dia, remetendo-o ao jogo materno cruel com o seio, posto que é a mãe quem aleita a criança, ou seja, vende seu leite como droga, cujo valor é ressarcido na forma de fazê-la embriagar-se de si.

Ao sentir não ter o mundo ideal ou por não ser, ele próprio, o ideal, inclusive para a sua mãe idealizada, o alcoólatra lança mão do recurso mais adequado que se encontra ali, ao alcance da boca. Tentará fazer consigo o que sua mãe fazia no passado, obrigando-o a mamar para que se acalmasse, mais ela do que ele.

A angústia resultante desta situação (mamar para acalmar a mãe, não mais para alimentar-se, mas para reduzir a ansiedade materna e, aí sim, sobreviver) o faz ser inumano. O bebê aflito é o bebê narcotizado, prestador de serviços escravos não reconhecidos. E, por meio da vontade de vingar-se da mãe, ingere a bebida até o último gole, pois é dela que vêm as possibilidades de não morrer, embora possa significar a perda da própria vida. Essa relação distorcida constitui uma relação de ódio contra o mundo e a vida, o que possivelmente acontece por conta de, um dia, ele ter sido obrigado a mamar como forma de dar prazer, garantindo a sobrevivência tentando proteger-se do erotismo psicótico da mãe.

Ao quadro, pode-se somar, ainda, uma vontade de vingança decorrente de sentimentos de inveja e voracidade, que são devastadores e que recebem, também, uma carga de prováveis origens constitucionais em relação ao seio e à mãe, visto haver, na mente humana, a suposição de que mães más possuem por completo o que os bebês desejam ou necessitam, mas de cuja fruição estão excluídos, como assinala Klein (1957):

> Meu trabalho ensinou-me que o primeiro objeto a ser invejado é o seio nutridor, pois o bebê sente que o seio possui tudo o que ele deseja e que tem um fluxo ilimitado de leite e amor que guarda para sua própria gratificação. Esse sentimento soma-se a seu ressentimento e ódio, e o resultado é uma relação perturbada com a mãe. (p. 214)

Pretendemos apontar que o *idealcoolista* experimenta o mundo dos humanos como sendo aquele que não o valoriza, mas o hostiliza, apesar de familiar, e que se beneficia de sua doença, usando-o como para-raios para a descarga de suas aflições. Falamos de um mundo onde a mãe-mundo quer ser satisfeita, para só depois satisfazer e que, além disso, deseja ficar com o prazer obtido na transação apenas para si ou dá-lo a qualquer um, menos àquele que a satisfaz. É assim que se sente o alcoólatra: um injustiçado, um usado, um rejeitado social, um excluído e desprezado. Ele é esse ser de segunda mão, aquilo que sobra depois de sua mãe ter passado por dentro dele fazendo estragos. Um sujeito que chafurda constantemente nessa miséria e vive debatendo-se, inconscientemente, com sentimentos de autopiedade, decorrentes da percepção esfumaçada de que foi usado como um objeto.

Dessa forma, a teimosia e a perseverança, que até poderiam ter algo de bom em si, acabam por transformá-lo em um louco disciplinado, que recebe mal qualquer convite para não beber, lendo-o como interferência cruel do outro em sua forma de, secretamente, dar prazer à própria mãe-bebida alcoólica, nele viciada. Ou enxergando, em nossa ânsia, o desejo de subjugá-lo e, em consequência, a declaração da ausência de liberdade para usar o seu divino corpo incorporal – substância ideal; vivendo, enfim, essa interferência como grave afronta ao seu narcisismo e séria ameaça à sua sobrevivência.

Sentir-se excluído e apartado daquilo de que mais necessita (o álcool: seu único caminho, sua fé, sua divina estrada líquida na vida), ao que se submete inconscientemente, é seu maior temor. Habituado a ter de satisfazer-se, satisfazendo, tem despertado um tipo de rancor e de ressentimento, que, exclusivamente, estimula a mente para desejos cruéis e inimagináveis formas de vingança e punição.

O alcoólatra apoia-se no álcool, então, para produzir uma batalha sem meta nem perspectiva, permeada por crueldade, destruição e sentimentos de ódio dirigidos contra aqueles que nomeia "eles, os vis mortais humanos". Para ele, esse mundo apresenta-se de diversos modos, todos basicamente com repetidos rostos hostis que apenas se decalcam e recobrem os rostos humanos, que a ele se dirigem na condição de pai ou mãe, familiares, colegas de trabalho, mulher, marido ou qualquer indivíduo. Todos, em última análise, transmutam-se em um único personagem, investido por ele de autoridade coercitiva, contra a qual usará o álcool. O movimento de sentir-se injustiçado permite-lhe a liberdade na excitação turbulenta da química do álcool, para triunfar sobre o homem comum.

É a criança que não tem pai nem rumo, menos ainda um destino. Segue desorientado e sozinho: só lembrado, quando útil, como depositário de aflições e angústias (e depois novamente esquecido). Pobre alcoólatra: eterna criança des-representada na mente dos pais. Mais que esquecido, um fortuito utensílio para algo obscuro, logo des-lembrável, inegavelmente desnecessário.

Como parêntese para outra curta referência ao pai e ao complexo de Édipo, é válido afirmar que o alcoólatra é carente do verdadeiro amor masculino, o amor afetivo, carinhoso e dessexualizado de um homem por outro, não o que se configura como homossexual. Todo homem necessita de um amor não erótico do próprio pai, protetor, amigo e orientador. Na ausência desse tipo de pai, que estabelece limites estruturantes no filho, o alcoólatra é incapaz de dizer não à sua própria vontade de beber mais e mais e à de sua mãe, ingerindo rápida e desmedidamente a bebida materna e a alcoólica, condensadas como estão em sua mente inconsciente, sem qualquer noção de interdição da vontade. Ao contrário, há uma espécie de júbilo nisso.

O indivíduo alcoólatra não teve a oportunidade de amadurecer internamente, para poder acolher, em si, sua função paterna, uma vez que não pôde introjetar (ou capturar), de modo satisfatório, o próprio pai como signo de identificação organizadora da sua personalidade. É dessa forma, apoiado em vazio de referência que, dedicadamente, o sujeito amigo do álcool faz destilar seu horror. Dia após dia, ele aspira, em segredo, à vingança, que consiste no anseio de, por meio da alcoolização, maltratar o pai ausente, o pai omisso, o pai não vivo, o não pai que, de alguma forma, também contribuiu para que o complexo edípico do filho não fosse experimentado no momento evolutivo necessário, nem minimizasse o dano que a relação prejudicada com a mãe veio a causar, como assinala Mello Franco Filho (1975, p. 120): "O desenvolvimento do complexo edipiano tanto pode levar à fantasia de derrota do pai, quanto à uma outra maneira de se relacionar com ele, por sua introjeção, como um núcleo de identificações organizadoras da personalidade".

Retornando ao tema da afinidade da relação perturbada mãe/bebê e o *idealcoolismo*, com a ajuda das conclusões de Bergler (apud Rosenfeld, 1968), podemos estabelecer algumas outras possíveis conexões que favoreçam sua melhor elucidação. Diz Rosenfeld que Bergler

> acreditava que os alcoólatras experimentavam o desmame como uma "maldade", e que, "por essa razão, tais pacientes querem se vingar de seu desapontamento oral tentando, habitualmente, forjar situações em que sejam rejeitados e se desapontem. Isto lhes permite alegar sua autodefesa quando atacam os inimigos por eles imaginados, com a agressivi-

dade mais contundente. Regalam-se eles, por fim, com *a autocomiseração, desfrutando um prazer psíquico masoquista*[1]. (p. 265, grifo nosso)

Confirmando as conclusões anteriores, apresenta-se a teoria do seio traidor e da vingança, de Knight (1936):

A mãe, via de regra, parece demasiado indulgente e super-protetora. Procura aplacar o bebê satisfazendo-o constantemente, de modo que o desmame eventual da criança só poderá significar traição da mãe, que, aliás, a levou a esperar indulgência, e a criança tenta por todos os meios reaver aquela experiência perdida. Ao longo da vida, o *indivíduo tentará obter as indulgências passivas* de outras pessoas *e desenvolverá meios orais característicos de se apaziguar sempre que seus desejos forem frustrados*. Por serem seus desejos tão intensos, estão fadados à frustração frequente. Ele reagirá com raiva, geralmente experimentada como um *desconforto fervente* e uma agitação ressentida por dentro. Toda perturbação psicológica que resulta dos seus sentimentos de inferioridade, de sua passividade, de sua frustração e raiva ou da sua culpa ou ressentimento é amenizada pela chupeta álcool. (p. 260, grifo nosso)

---

[1] A relação entre *idealcoolismo* e masoquismo já foi examinada no capítulo 10.

Nossa visão é ligeiramente diferente, mas também aponta para o problema de uma relação perturbada do bebê com sua mãe e para os meios de solução oral dos problemas enfrentados. Acreditamos que "estar de fogo" passa, certamente, pelo tal "desconforto fervente", e não se resume a uma típica descrição de um estado emocional diante de situações de frustração ou raiva, corriqueiras nos *idealcoolistas*, tratando-se, sim, de ver o valor da metáfora em seu poder alucinatório. *Idealcoolista* é quem cultua o deus Álcool em virtude desse provir do fogo, que o alimenta divinamente, conforta-o e permite-lhe ser um super-homem.

Quanto ao papel da relação mãe/bebê e ao desenvolvimento da estreiteza mental e sua conexão com o superego e os sentimentos vingativos, encontramos, ainda, preciosas contribuições em Brenman (1985):

> Além disso, os ataques à mãe real por ela não ser o "seio ideal" (que satisfaz, através de identificação narcísica, a exigência de ter o ideal e ser o ideal) levam *a incorporação de um superego que exige que o bebê o satisfaça pelo resto da vida*. Consequentemente ele vive num mundo cruel, severo, estreito, que alimenta seu medo e seu ódio, *e é forçado a venerar este sistema, subordinar-se e identificar-se com ele, em parte por medo e em parte porque contém sua própria onipotência vingativa*. Este superego-ego ideal domina a sua vida. Aquilo que Freud e Abraham descreveram como o paciente

aferrando-se a seu objeto e tratando-o como se lhe pertencesse agora se torna, via introjeção, *um paciente possuído por um superego cruel que não lhe permite estar livre.* Portanto, ele está confinado às suas exigências restritas, narcísicas e destituídas de amor, *governado por deuses tacanhos*, narcisistas e destituídos de amor. (p. 271, grifo nosso)

O *idealcoolista*, no estado alcoólatra, possui esse superego--ego banhado em um ideal psicótico, que o domina, devora e obriga. A luta é tremenda, e ele tentará a todo custo, ao longo da vida, dissolver o ser maligno superegoico no álcool, entregando-se, como solução, ao próprio álcool.

Brenman (ibid., p. 272), referindo-se ao indivíduo que desenvolve mecanismos de estreiteza mental, como é o caso do *idealcoolista*, afirma que:

> [...] ele pode ter tido uma mãe que rejeitou sua parte bebê, não pôde suportar suas ansiedades e falhou no sentido de promover uma casa para este bebê. Seu *self* ansioso e necessitado pode ter sido psicologicamente deixado de fora e abandonado num exílio cruel. Ele pode ter tido uma mãe que pôde tolerar apenas um bebê ideal e rejeitou o bebê real, ou pode ter tido uma mãe que o mimou em excesso e satisfez seus desejos onipotentes. Em qualquer um dos casos ele anseia por vingança e pela recriação do mundo ideal.

São as falhas que supomos haver no processo de humanização do *idealcoolista*. Elas serão preenchidas por intensa necessidade de vingança, para aplacar o rancor e o ressentimento, e misturam-se aos primitivos sentimentos de inveja da existência de um seio ideal, que também quis, antes de tudo, ser mamado, para só então cuidar do bebê. Aqui, reside uma parte de nossa proposta; a outra é considerar que há mais um obstáculo a ser superado: é preciso pensar que o objeto bom não tem bondade, que não há realmente uma experiência na vida do *idealcoolista* que seja direta com o objeto bom. Nosso personagem principal estancou em um jogo de interesse, prazer e submissão. A mãe absorvente e o pai ausente, em seus procedimentos de esquiva da relação com o filho, fundaram-lhe bases emocionais em alicerces inumanos, e tais inumanidades fazem com que o indivíduo, na caminhada para o *idealcoolismo*, sinta-se cada vez mais frustrado e sofrido em sua condição humana. Sem esperanças, entrega-se, em progressão, ao culto do álcool, e enterra-se paulatinamente na crença de ter alcançado uma saída na construção idealizada de um lugar perfeitamente inumano, no qual, ao mesmo tempo, produz um deus e é tomado por todas suas qualidades onipotentes. Mais triste, é o fato disso nos indicar que sua frustração é sucessiva e recorrente e, assim sendo, monótona e mortífera. O fogo do álcool queima-o e o mata sem nunca revigorá-lo ou trazer-lhe a força da vida.

Brinquemos com uma imagem de Galeano (2002, p. ll), que talvez sirva de inspiração:

O mundo

Um homem da aldeia de Neguá, no litoral da Colômbia, conseguiu subir aos céus. Quando voltou, contou.

Disse que tinha contemplado, lá do alto, a vida humana.

E disse que somos um mar de fogueirinhas.

– O mundo é isso – revelou –. Um montão de gente, um mar de fogueirinhas.

Cada pessoa brilha com luz própria entre todas as outras.

Não existem duas fogueiras iguais.

Existem fogueiras grandes e fogueiras pequenas e fogueiras de todas as cores.

Existe gente de fogo sereno, que nem percebe o vento, e gente de fogo louco, que enche o ar de chispas.

Alguns fogos, fogos bobos, não alumiam nem queimam;

mas outros incendeiam a vida com tamanha vontade que é impossível olhar para eles sem pestanejar, e quem chegar perto pega fogo.

Resta-nos, agora, saber a qual fogo o alcoólatra pertence.

12.

O TRATAMENTO DO *IDEALCOOLISTA* – UMA VISÃO PSICANALÍTICA SOBRE OS DOZE PASSOS DE AA

Conhecida como AA, teve seu início em 1935, e é uma irmandade internacional que se ocupa do tratamento e recuperação de alcoólatras, presente em 52 nações, com cerca de 10 mil grupos de atendimento.

São vários os meios técnicos que emprega em sua metodologia terapêutica, dentre os quais destacamos:

a) doze passos para a recuperação;

b) doze passos para organização dos grupos (as doze tradições);

c) reuniões semanais diárias ou em dias alternados, com duas horas de duração, sem diálogo ou debates. Nelas, membros externam, um a um, seus depoimentos de experiências de vida, com inteira liberdade de assuntos;

d) padrinho: membro mais antigo, escolhido pelo membro iniciante, para acompanhá-lo durante seus esforços rumo à sobriedade;

e) reuniões temáticas, nas quais um membro antigo descreve experiências na caminhada para conquistar o estado alcoólico;

f) livros que abordam aspectos do *idealcoolismo* ou conquistas alcançadas por membros, no caminho de uma recuperação no dia a dia;

g) reuniões de literatura para o estudo dos livros publicados por AA, permeadas de depoimentos sobre temas tratados.

Os doze passos constituem a base do programa terapêutico de AA e dele nos ocuparemos:

1º. Admitimos que éramos impotentes perante o álcool – e que tínhamos perdido o domínio sobre nossas vidas.

2º. Viemos a acreditar que um Poder Superior a nós mesmos poderia devolver-nos à sanidade.

3º. Decidimos entregar nossa vontade e nossa vida aos cuidados de Deus, na forma em que O concebíamos.

4º. Fizemos minucioso e destemido inventário moral de nós mesmos.

5º. Admitimos perante Deus, perante nós mesmos e perante outro ser humano, a natureza exata de nossas falhas.

6º. Prontificamo-nos inteiramente a deixar que Deus removesse todos esses defeitos de caráter.

7º. Humildemente, rogamos a Ele que nos livrasse de nossas imperfeições.

8º. Fizemos uma relação de todas as pessoas que tínhamos prejudicado e nos dispusemos a reparar os danos a elas causados.

9º. Fizemos reparações diretas dos danos causados a tais pessoas, sempre que possível, salvo quando fazê-lo significasse prejudicá-las ou a outrem.

10º.Continuamos fazendo o inventário pessoal e, quando estávamos errados, nós o admitíamos prontamente.

11º.Procuramos, através da prece e da meditação, melhorar nosso contato consciente com Deus, na forma em que O concebíamos, rogando apenas o conhecimento de Sua vontade em relação a nós, e forças para realizar essa vontade.

12º.Tendo experimentado um despertar espiritual, graças a esses passos, procuramos transmitir essa mensagem aos alcoólatras que ainda sofrem e praticar esses princípios em todas as nossas atividades.

Examinando o programa, observamos que está permeado de "choques de humanidade", iniciando pelo maior de todos, expresso no primeiro passo. A organização propõe que somente há uma saída para o alcoólatra: a admissão de sua "impotência perante o álcool" e a "perda do domínio de sua vida". Em outras palavras, que aceite sua condição humana limitada e mortal que, apesar disso, mas sem o álcool, pode ser boa.

Podemos perguntar-nos: como o alcoólatra, para dar o primeiro passo, pode admitir sua impotência perante o álcool e o descontrole de sua própria vida, sem tomar significativos choques de humanidade que lhe possibilitem confrontar sua natureza humana com sua profunda crença no estado ideal de incorporação do divino, por meio do abuso do álcool?

Como deixar seu refúgio na organização patológica de suas defesas, cujo clímax é alcançado na transcendência salvadora das alcoolizações alcoólatras, se sair de lá significa encarar o mundo real humano, em que a dor e a ansiedade ameaçam-no?

Acreditamos que a dificuldade central do programa de AA está contida exatamente nessas questões, que representam o conflito humanização *versus* inumanização, sendo a principal responsável pela evasão de seus membros.

Porém, para que o choque de humanidade do primeiro passo possa ser mais bem recebido, o programa de AA propõe que ele seja abrandado, ao levar o alcoólatra, quase simultaneamente, a entrar em contato com os segundo e terceiro passos: "entregar sua vida e sua vontade" aos cuidados de um "Poder Superior", Deus, "conforme ele o conceba", ou seja, com a sugestão de que ele faça uma substituição de uma religião degradada *idealcoólica*, pouco eficiente e desumana, por outra, não degradada, mais eficiente e humana (à medida que propõe uma religação com Deus).

Assim, com a mesma finalidade, o alcoólatra é instado a conquistar um novo estado alcoólico, por meio do qual possa receber, vantajosamente, os benefícios psíquicos e "espirituais", provenientes da substituição do deus Álcool por um Deus mais poderoso, um Deus-Pai-proteção-amor-humano que lhe traga apoio, orientação e proteção, sem os sofrimentos e os conflitos psicossociais e familiares, decorrentes de sua antiga submissão à *idolalcoolatria*.

Para isso, basta que alimente o sincero desejo de parar de beber e entregue-se nas mãos do Poder Superior, que também é uma mãe amorosa acolhedora e cuidadora, para, pouco a pouco, colher os frutos do bem-estar, da serenidade e da saudável sobriedade cotidiana.

"Só por hoje", não beber: o lema do *idealcoolista/* ex-alcoólatra.

A troca da dependência do deus-pai-álcool pela de um Poder Superior, Deus, conforme o indivíduo O conceba, é consoladora e estimulante, sobretudo se o *idealcoolista* perceber que outros membros de AA fizeram isso, estão vivos e vivendo bem melhor que antes.

Dados os três passos, o agora mais poderoso Deus-Pai-proteção-amor-humano nada exige, apenas solicita do *idealcoolista/* ex-alcoólatra rigorosa honestidade (o inverso do uso da mentira e da perversão do alcoólatra).

Nessa prática espiritual dos primeiros passos de AA, as virtudes da sabedoria, humildade e coragem, entre outras, são exaltadas como objetivos a ser alcançados, assim como a graça de serem atendidos os pedidos feitos nas orações.

As reuniões de AA, no Brasil e no mundo, iniciam-se e terminam com a *Oração da Serenidade* que reza:

> Concedei-nos Senhor, a humildade necessária para aceitarmos as coisas que não podemos modificar,

Coragem para modificar aquelas que podemos
E sabedoria para distinguirmos umas das outras.

Até aqui, falamos dos três primeiros passos: admissão da impotência perante o álcool, a existência de um Poder Superior – Deus segundo o indivíduo O conceba – e a entrega da vontade e da vida a esse Deus, que irá protegê-lo dali em diante.

Os choques de humanidade sucedem-se, mais construtivos e menos dramáticos. Os quarto, oitavo e nono passos sugerem ao alcoólatra, para sua recuperação, que é necessário, e melhor, o abandono da organização patológica de estreiteza mental de cunho psicorreligioso, alimentada pelo álcool, e o início de um aprofundamento do contato com a posição depressiva[1], admitindo que, na construção de sua nova condição de existência mais humana, a vida é como é, e não como o alcoólatra de antes desejaria. Ele tem a possibilidade, também, de vivenciar as experiências não como se fossem o "fim do mundo", mas aceitar que, em sua condição humana de mortalidade e desamparo, sujeita a limites físicos, temporais e espaciais, a vida não é tão desesperadora como à primeira vista parecia, e que agora ele não precisa mais do álcool para tentar curar-se do que, no âmbito psíquico, o fazia sofrer (Fédida, 2002, p. 112).

---

[1] Posição depressiva é o passo evolutivo que segue a posição esquizoparanoide na constituição e desenvolvimento do aparelho psíquico. É uma posição mais evoluída que a anterior, e inclui o início dos sentimentos de culpa, de comiseração e é de onde partem a formação da responsabilidade e da ética de cada um. É uma etapa decisiva na vida de todo bebê humano, porque é o momento em que o ser se humaniza e se torna um a mais na comunidade dos homens, deixando de ser o escolhido ou a boa nova.

A realização dos três novos passos propõe que o *idealcoolista* abra sua mente, desenvolva sua capacidade de pensar, sinta, gradativamente, maior necessidade de reconhecer o outro por inteiro, ao se preocupar em trabalhar para sua sobrevivência, ao invés de, como quando alcoólatra, desesperar-se na luta para fazer sobreviver seu ego. Convém, para tanto, realizar um "inventário moral" de sua vida (quarto passo). O "estar sempre rebelde por ser uma vítima do mundo, que quer ficar com o prazer (do álcool-seio-leite, ideais e fonte de imortalidade) todo só para si", e que "não reconhece o seu valor", deve ceder lugar ao reconhecimento dos erros cometidos. O programa sugere ainda que o *idealcoolista* possa, destemidamente, reconhecer a "natureza exata" de seus erros (quinto passo) perante Deus, a si mesmo e outro ser humano e a não mais sentir uma culpa persecutória, mas motivadora de reparações.

A seguir, prontificando-se a mudar, o *idealcoolista* dispõe-se a deixar que Deus remova seus "defeitos de caráter" (sexto passo).

Face à necessidade de sedimentar o resultado dos recorrentes choques de humanidade, inerentes aos passos anteriores, a exuberância narcisista do alcoólatra e o seu orgulho intenso devem ceder lugar à humildade (sétimo passo), para que ele entre em contato com a culpa e promova reparações. Com esse objetivo, fará "uma relação de todas as pessoas que tenha prejudicado" com suas alcoolizações, começando pelas mais próximas e pelos familiares.

O ex-alcoólatra, na condição inicial de reumanização como *idealcoolista* (ainda vulnerável e sensível aos apelos do destronado rei deus Álcool), conquista a condição de alcoólico, e deve, efetivamente, propiciar "reparações diretas dos danos causados" no estado alcoólatra, ao objeto (nono passo).

Se, em sua maior parte, a recuperação e o desenvolvimento do indivíduo transcorrerem bem, o processo de reumanização do ex-alcoólatra, agora alcoólico, estará prestes a ser concluído com êxito. Ele terá largado o triunfo e a excitação das soluções maníacas fornecidas pela sua identificação e apossamento do poderoso deus-pai-álcool, contará com a proteção do Deus-Pai, conforme O tenha concebido, terá feito as reparações possíveis e terá elaborado razoavelmente bem os lutos por diversas perdas, inclusive a do álcool.

A feição do alcoólico estará quase inteiramente construída, e é mais humana.

Nesta fase, a organização patológica de cunho psicorreligioso é abandonada por não ser mais necessária, pois a identidade alcoólica está mais bem fortalecida em um *ego* melhor integrado e a posição depressiva passa a ser vivenciada. Seu superego, agora, é mais amigo, concessivo e solidário ao seu eu, e a função paterna alcança níveis suficientes de desenvolvimento. No conjunto evolutivo, as reparações diretas dos danos causados nas alcoolizações ocupam, cada vez mais, espaço, sobressaindo-se o fortalecimento do eu humano real e o decréscimo constante do eu ideal no narcisismo.

No caminho para tornar-se mais humano, contudo, o aprofundamento e a elaboração constante da posição depressiva solicita a atenção no dia a dia.

"Só por hoje".

Não basta apenas evitar o primeiro gole de bebida alcoólica para não alimentar o retorno à organização patológica e ao masoquismo mortífero, deve-se também manter os cuidados necessários para com os vários aspectos do *self* e do objeto. Para isso, a frequência diária às reuniões é conclamada como um instrumento essencial.

Chegamos ao décimo passo, aquele que acentua, para o alcoólico (o *idealcoolista* em recuperação avançada), a conveniência de lembrar-se, constantemente, de que não é perfeito, de que pode falhar, e indica que continue a experimentar a inédita serenidade obtida, praticando os passos sem o desespero de nunca errar, sempre saber e estar permanentemente poderoso e preparando um amigável "inventário pessoal". A atenção dedicada à elaboração da posição depressiva[2] deve continuar.

Encerramos o breve olhar psicanalítico sobre o programa dos doze passos de AA com observações relativas aos dois últimos, que sugerem preliminarmente a inconveniência de voltar a cair na tentação de buscar forças, poder e euforia no deus-pai/mãe-álcool.

Para a sequência e consolidação da conquista da condição de alcoólico/ex-alcoólatra, a oração e a meditação são

---

[2] A concordar-se com Brenman, fica evidente que a principal tarefa clínica da psicanálise é resgatar e desenvolver o humano.

consideradas ferramentas úteis para continuar a proximidade não mais com a divindade da *idealcoolatria*, mas com o outro Deus-Pai/Poder Superior, que ama, protege, orienta e estimula o humano.

Nessa altura de sua recuperação, o, agora, alcoólico/ex- -*idealcoolista* e ex-alcoólatra sabe utilizar sua função paterna, já suficientemente desenvolvida, sendo capaz de dizer 'não' e fazer interdições a si próprio, ao álcool e às outras pessoas, quando necessário. Ele não se sente mais frágil e sem valor, uma vez que seu amor-próprio está mais bem fundamentado e reconhecido como legítimo pela sociedade: o alcoólico percebe claramente a utilidade que tem para si e para os outros, e deseja ser útil, sempre que possível.

Por último, há uma conclamação final à generosidade, no décimo segundo passo, como o oposto da inveja, para que o alcoólico/ex-*idealcoolista* e ex-alcoólatra faça um auxílio, tenha compaixão e realize sua doação em relação aos "alcoólatras que ainda sofrem", por meio da prestação de serviços a uma das comissões de AA, voltada para a comunidade. Dessa forma, após ter percorrido os passos anteriores, o alcoólico pode, na prática do último deles, no contato com outros alcoólatras ou companheiros *idealcoolistas*, recordar as agruras e misérias de um estado já vivido e sentir o uso dos doze passos como um fato do passado, sem culpas persecutórias ou remorsos indesejáveis.

Trilhando o percurso proposto pelo AA, o *idealcoolista* deixa de ser alcoólatra, reumaniza-se ao se tornar alcoólico e troca, também, a religiosidade degradada de adoração do deus Álcool por uma espiritualidade mais eficiente, capacitando-se para sentir, finalmente, que faz parte da humanidade.

Cabe uma observação: segundo a programação do AA, apenas o primeiro passo pode e deve ser praticado de maneira completa. "Não beber só por hoje!" significa, pelo viés psicanalítico, excluir qualquer possibilidade de alimentar a organização patológica de estreiteza mental – a religião *idealcoólica* – e, simultaneamente, não incorrer no risco de cair na tentação de testar o masoquismo mortífero.

Fizemos uma sucinta descrição de um bom funcionamento do programa de AA, mas afirmamos que, em muitas situações, o método parece não funcionar tão bem como poderia, dadas as enormes dificuldades no tratamento do *idealcoolismo*.

Embora sem estatísticas comprobatórias, podemos afirmar: o número de alcoólatras ingressos no AA é significativamente maior que o número dos que conseguem tornar-se alcoólicos/ ex-*idealcoolistas* e ex-alcoólatras. Ainda assim, pensamos tratar- -se da instituição que acumula maiores êxitos na recuperação de alcoólatras.

Qual a relação da psicanálise com tudo isso?

O próprio Freud, tendo em conta seu aspecto 'a-religioso', apresenta uma alternativa de aceitação de outro ponto de vista. Segundo o psicanalista Mello Franco Filho (1975, p. 121), Freud afirma, em uma carta a seu amigo, teólogo e pastor, Oscar Pfister:

A psicanálise em si, não é religiosa nem antirreligiosa, mas um instrumento apartidário do qual, tanto o religioso como o laico, poderão servir-se, desde que aconteça tão somente a serviço da libertação dos sofredores. Estou muito admirado de que eu mesmo não tenha me lembrado de quão grande auxílio o método psicanalítico pode fornecer à cura de almas, porém, isto deve ter acontecido por que um mau herege como eu está distante dessa esfera de ideias.

O programa de recuperação analisado expressa com clareza a busca de efeitos psíquicos de reumanização, por meio de uma prática religiosa-espiritual não iconoclasta da relação do humano com Deus, em substituição da prática religiosa degradada da relação de adoração ao ídolo álcool pelo alcoólatra (*idolalcolatria*).

Por outro lado, promove um processo de vigorosa reumanização do alcoólatra, primeiro na condição de abstinência do estado *idealcoolista* de recuperação inicial para, em seguida, proporcionar a conquista do estado alcoólico como ex-*idealcoolista*/ ex-alcoólatra, evidenciando o fato de que o *idealcoolismo*, como uma religião degradada fundada no uso dos efeitos psicossomáticos do álcool para alcançar o ideal, pode ser substituído por outras práticas religiosas não degradadas.

No capítulo 4, sugerimos que os êxitos alcançados pelo programa espiritual de Alcoólicos Anônimos para a recuperação de *idealcoolistas*, principalmente para os que se chegaram a um estado francamente alcoólatra, seriam mais um modo de comprovação, às avessas, do sentido religioso degradado do *idealcoolismo*. E, também, que esse fato repetia-se nos resultados favoráveis obtidos pela utilização do programa na maioria das clínicas de internação para alcoólatras no Brasil (cerca de 95% das quais o seguiam, segundo pesquisa).

Consubstanciado em passos, ele conclama o alcoólatra a seguir uma filosofia espiritual, após o reconhecimento de sua impotência perante o álcool e a aceitação da perda do domínio da própria vida, a adotar a crença em um Poder Superior, com a disposição de entregar sua vontade e sua vida a esse Deus/Pai.

É consenso entre dirigentes e membros de AA, continuamente apresentado em reuniões e conferências temáticas, que o alcoólatra somente tem chances de adotar essa nova filosofia e deixar suas alcoolizações quando chega ao fundo do poço.

Que leitura psicanalítica fazemos desse "conceito", tão caro aos membros de AA?

Acreditamos falar de uma situação que impõe ao indivíduo um reconhecimento de sua inexorável condição humana de incompletude, vulnerabilidade e limitações. Tal estado mental, favorável ao tratamento, só é alcançado, segundo nossa compreensão, quando o alcoólatra alcança uma graduação tão insatisfatória de sofrimento, angústia e solidão, em virtude de suas bebedeiras, que se propõe a tentar, pragmaticamente, alguma alternativa. Apenas quando as alcoolizações alcoólatras chegam ao ponto de causar significativas perdas (familiares, financeiras, profissionais, sociais e, eventualmente, de saúde), a mente do alcoólatra abre-se ao tratamento. Só nessa condição, as feridas narcísicas são sentidas como inevitáveis, quando seu intenso narcisismo inumanizado é confrontado com uma realidade irrefutável: uma profunda crise de impotência, isolamento e aflição, da qual nem o deus álcool-Pai todo-poderoso tem forças suficientes para resgatar. Segundo a visão de AA, é aí que o alcoólatra pode-se abrir para uma solução fora do consumo salvador do álcool.

Vale ressaltar, no entanto, que um estado de penúria e sofrimento pode também alimentar novas alcoolizações alcoólatras, ou seja, apenas o fundo do poço pode não ser suficiente para estancar a religiosidade degradada do alcoólatra, sendo necessário que o alcoólatra seja submetido a diferentes formas de choque de realidade que lhe apresentem outra saída de bem-estar.

Cremos ser esse o aspecto fundamental no tratamento do *idealcoolismo* e que, do ponto de vista psicanalítico, o fundo do poço apenas corresponde a um "choque de humanidade", quando produz mudanças psíquicas.

O choque de humanidade é uma espécie de choque de realidade. Visa causar ao menos uma parcial e significativa inoperância nos mecanismos de onipotência, negação, mania e nos masoquismos mortífero e moral, amplamente ativos no alcoólatra, fazendo com que ele sinta, irremediavelmente, um duro golpe desferido pela realidade humana em sua ilusão religiosa do ideal. O choque de humanidade, a bem dizer, é uma queda das alturas do alcoólatra para o solo humano da contingência e mortalidade e um desarranjo de sua crença na divindade imortal do álcool, sem que nisso possa ser enxergado uma catástrofe.

Destarte, o choque de humanidade é uma prática recomendada pelo AA aos seus membros, como nos apresenta Bill Wilson (1967), cofundador da instituição:

> Nosso primeiro problema é aceitar nossas circunstâncias atuais como são, a nós mesmos como somos, e as pessoas que nos cercam como também são. Isso é adotar uma humildade realista sem a qual nenhum verdadeiro progresso pode sequer começar. Repetidamente precisamos voltar a esse pouco lisonjeiro ponto de partida. Esse é um exercício de aceitação que podemos praticar com proveito todos os dias de nossas vidas. (p. 44)

À luz da conceituação do *idealcoolismo*, consequentemente, o que se quer dizer com a chegada ao fundo do poço é que o alcoólatra deve tomar um ou mais choques de humanidade, para confrontar sua natureza humana com sua profunda crença no estado ideal de incorporação do divino, com fortalecimento gradual e simultâneo do seu *ego* e enfraquecimento de seu superego cruel, além do necessário declínio em seus masoquismos mortífero e moral. O choque de humanidade, por outro lado, produzindo uma desilusão nessa crença, proporciona, concomitantemente, chances reais para que o alcoólatra consiga, parando de beber, dar seu primeiro passo dentro do programa de AA e alcançar o estado alcoólico, deixando de alimentar, com o álcool (corpo incorporal – substância ideal), seus desejos por uma alienação divinal.

Concluímos que, ao alcoólatra, só é permitido abandonar sua organização patológica de estreiteza mental de cunho psicorreligioso e admitir que, com o álcool, deu-se a perda do domínio da vida, quando, para além do fundo do poço, seus mecanismos onipotentes cederem em relação ao princípio de realidade, e seu masoquismo de vida passar ao primeiro plano. Para esse estado ser instaurado, é indispensável um melhor arranjo da economia psíquica, que torne a excitação mais aceitável, permitindo que o investimento libidinal dirija-se a outro humano, às coisas do mundo externo, e não apenas tome o caminho da excitação alcoólatra.

Avançar na direção do primeiro passo representa, para o alcoólatra contumaz, muito mais que uma possível consequência de chegar ao fundo do poço, pois tal passo é, na verdade, a consequência possível de um abrangente conjunto de choques de humanidade ('chum'), como apresentado no capítulo 13.

13.

O TRATAMENTO DO *IDEALCOOLISTA* – O CHOQUE DE HUMANIDADE ('CHUM')

O choque de humanidade ('chum') é uma abordagem terapêutica crucial no trabalho com os exointoxicados[1]. Trata-se de uma técnica de manejo no tratamento do *idealcoolismo* e da drogadicção, aposta em um projeto de maturação possível, para um homem que vive de modo infantil, com sua capacidade de humanização adormecida.

Seja qual o método ou a forma de compreensão, todos nós, que trabalhamos com *idealcoolistas*, ou *idealadictos*, sabemos que é necessário levá-lo a encarar a possibilidade de iniciar um tratamento e mantê-lo. Como induzi-lo a enxergar o que está estampado em sua própria aparência física, e em sua vida, confrontando isso com a própria imagem que tem do seu eu e de sua vida, quando fala de si para nós?

---

[1] Atenção: Não se pode esquecer que, atualmente, com mais nitidez (após as academias de ginástica explodirem no mercado e deixarem isso exposto), há uma forte tendência às endointoxicações, produzidas pelo excesso de exercícios, pela prática dos esportes chamados radicais, nos quais a intoxicação por "adrenalina" gera estados emocionais com a mesma toxicidade e o mesmo risco de morte que os exotóxicos impõem e perpetram.

É uma questão desafiadora e, para tanto, em consonância com as concepções do *idealcoolismo*, tratamos de investigar sobre:

O que faria o alcoólatra estabelecer minimamente contato com sua realidade humana, perceber a relação pervertida com o deus Álcool e, depois, aceitar ajuda?

Como o alcoólatra poderia admitir sua impotência perante o uso psicorreligioso degradado que faz dos efeitos psicossomáticos do álcool e romper com a divindade que cria e dela se apodera, para acabar, no final, sendo subjugado por ela?

Que elementos deveriam ser levados em conta para que o alcoólatra tenha uma disposição favorável a alcançar o estado alcoólico?

A partir dessa investigação, é que se iniciou a crescente compreensão do recurso clínico do choque de humanidade, que designaremos 'chum' doravante, e por aí que ele pode agir, usando a observação minuciosa da presença física e psíquica do paciente, informando-o, sempre que possível, sobre a qualidade dessa presença durante os encontros, na consulta inicial e na sequência das sessões. A partir dessa forma de observação – observação aguda daquilo que se vê, se percebe e se intui de como o outro se percebe –, é que se pode esclarecer ao paciente como se dá a transcrição de sua dor mental para um tipo de vida que denominamos "a vida de um alcoólatra", ou seja, o psicanalista ou o terapeuta (e é bom que não se perca isso de vista) funciona como um referencial da realidade humana para o paciente.

Sabemos que é uma tarefa espinhosa, mas temos convicção de que vale a pena lutar para que alguém possa ficar entristecido com as restrições impostas pela condição humana, com a fragilidade de sua vida, e da vida em geral, sem ficar melancólico e, justamente, porque, podendo fazer assim, ele terá maiores chances para retomar contatos com a sua realidade humana e viver melhor. É fundamental que todo *idealcoolista* possa entender: uma vida exitosa exige trabalho permanente, para algo de vital acontecer: a vida vive, mas, se não cuidada, morre.

Compreendemos que a conquista da tristeza, diante das limitações e da efemeridade humana, permite o laço de fraternidade, um esforço que, às vezes, em nada resulta, mas, sabemos também, por nossa própria experiência, que, com perseverança e cuidados, a tarefa pode ser cumprida e a meta humanizante pode ser alcançada. Algumas luzes já existem nos casos que temos atendido.

A principal tarefa clínica, no trabalho com o *idealcoolista*, é facilitar a redução de seu narcisismo exacerbado e de um tipo de culpa denominada de persecutória. Isso pode auxiliar na construção de um espaço no qual fluam os sentimentos da culpa amiga, sem os quais não é possível desenvolver a vida individual mais humanizada, fazer cultura ou viver em sociedade. A culpa amiga reconhece que o humano falha e, por falhar, pode corrigir, reparando o dano ocorrido.

Subsequentemente, convém proporcionar acesso a uma oferta diária de pequeninas experiências de luto, que visam reduzir, ao mínimo, a persecutoriedade da culpa, que apenas pede o castigo do ego. Deve-se observar que esse tipo de culpa, insuportável, é impedimento para o aprendizado, e pode vir a incapacitar o *idealcoolista*[2] a

> fazer uso de um mundo mais pleno, compreensivo, e amoroso, que é a única experiência que pode resgatá-lo. [...] Qualquer que possa ser a perversão e a preocupação restrita, penso que em última instância é a bondade, a humanidade e a verdade que são dolorosamente ansiadas. (Brenman, 1985, p. 270-272)

Por outro lado, como o alcoólatra é quase incapaz de pedir ajuda e, ainda pior, de recebê-la (por ser muito orgulhoso, narcisista e arrogante), as chances reais de deixar suas alcoolizações alcoólatras de lado podem surgir quando ele alcançar um razoável contato com sua inexorável condição humana e, com nossa ajuda, entender claramente a enorme insuficiência de nossas forças frente às problemáticas questões que o dia a dia apresenta.

Para o alcoólatra, a tomada de consciência pode trazer sofrimento, mas também alívio, porque é libertadora. É para esse movimento mental que o 'chum' convida, e é o que procura oferecer: um tantinho de realidade, de tristeza, de pensamento e de sonho, para substituir a alucinação da alcoolização.

---

[2] A concordar-se com Brenman, fica evidente que a principal tarefa clínica da psicanálise é resgatar e desenvolver o humano.

O 'chum' é a prática diária de uma luta encarniçada contra o mundo inumano, onipotente e delirante do *idealcoolismo*; o esforço elaborado para ajudar alguém a reconquistar as condições emocionais de ser capaz de lidar com a noção de que a vida é aquilo que é, nada mais, nada menos; e uma forma de ensinar que não adianta querer mudar a vida alicerçado em uma fuga delirante.

E, também, a esperança de que, ao se aceitar a vida tal como se nos configura, transportemo-nos para a possibilidade de modificá-la dentro de nossos limites, dando o máximo de nós para que ela seja, sempre, cada vez melhor.

Outra vez: convém cuidar da vida, pois a vida vive, mas, se não cuidada, morre!

Essa é a função básica do 'chum': favorecer o autocuidado do *idealcoolista*. O alcoólatra tem horror de fazê-lo, pois implica reconhecer sua condição humana e, por vezes, supomos, ele talvez nem tenha noção do significado disso.

O 'chum' busca a simplicidade seca e sem retoques de uma observação direta do que a vida oferece e procura encontrar (em um leque maior e diferente do usado pelo *idealcoolista*) uma reação astuta para o fato, e não uma outra, enlouquecida.

A abordagem tenta chegar a um viés que consiga uma observação tão objetiva quanto um par ou uma dupla pode fazer de si mesmo, de tal forma que o exercício – embora gere emoções turbulentas, a princípio – possa ajudar o paciente a ver-se de outra perspectiva, que o localize com mais acuidade diante do enorme problema que é estarmos vivos e juntos em um mesmo universo. Promove, também, ao *idealcoolista*, a percepção de um sentimento de participação na espécie humana e a compreensão da qualidade das tensões que as traquinagens e armadilhas que ele se impõe, e aos outros humanos, e a maneira dele mudar o quadro.

Sempre que possível, oferecemos o valor que damos ao vínculo com a vida: que é o bem a ser cuidado, ainda que muitas vezes nos perguntemos: para quê?

Após um ou mais choques de humanidade, o alcoólatra (e o drogado) tem a chance de confrontar sua natureza humana – delicada e complexa – com sua crença cega no uso dos efeitos psicoativos do álcool, para alcançar um estado ideal de incorporação do divino, e refugiar-se do humano em uma organização patológica de suas defesas. Sua ânsia talvez não seja tão indispensável, pois poderá compreender, gradualmente, que sua humanidade não é tão inteiramente desprovida de recursos como à primeira vista supunha ser, tampouco a fonte de todos os seus padecimentos.

Pelo contrário, a partir do reconhecimento de nossos limites é que passamos a pensar nas diversas possibilidades de usá-los, sem querermos escapar deles. Não há esconderijo possível, não há saída: nascido humano, para sempre humano.

É para o melhor aproveitamento e a aceitação de tais limites que o 'chum' convida: por acreditar que possa ser prático e traga resultados efetivos de bem-estar ao *idealcoolista*, desafiando a divindade que o comanda.

Munido da coragem que nasce em nosso paciente por estarmos ali, escoltando-o, ele pode buscar uma meta baseada em um esforço contra um tipo de mente alucinada, que só se encontra viva se dopada.

Desse modo, o 'chum' tem por objetivo eliminar os incentivos que o alcoólatra possui para seguir investindo na direção de tornar-se um deus, desumanizando-se por meio do uso dos efeitos psicossomáticos do álcool e da idolatria ao deus álcool.

Com a insistência do profissional na caminhada rumo à construção de uma tristeza possível de ser sentida, o 'chum' auxilia o alcoólatra a perceber que há algum benefício em manter um contato mais realista com a vida humana e com a verdade. Sabemos que nem tudo são flores, mas também que, vez por outra, alguma beleza e generosidade encontram-se disponíveis no mundo, entre tantos espinhos. Para isso, o 'chum' oferece um abrandamento da impulsividade cega, por meio de um método terapêutico que busca dar condição ao paciente para que possa pensar seu sofrimento, e não mais apenas querer viver no mundo das sensações.

Os sofrimentos, de uma ordem simbólica mais requintada, são vivenciados na vida emocional, e não no corpo, de modo ao alcoólatra/*idealcoolista* poder desenvolver sua capacidade de senti-los, em nossa companhia. A saída para uma vida diferente da desesperada busca por uma fé em um narcótico apaziguante, que encubra as sensações contraditórias da intoxicação, certamente pode ser essa companhia.

No lugar da intoxicação, surge o necessário encontro com outro humano (mortal em sua abrangente e inquietante subjetividade) que o 'chum' ajudou a criar, como rota substitutiva do investimento cego na inumanização produzida pela ingestão psicótica do álcool.

Aos poucos, o alcoólatra passa a deixar de buscar sensações para sentir seus sentimentos e se dá conta de que o choque de humanidade é acompanhado por uma experiência de sofrida desilusão com seu ídolo endeusado e também que todo o desapontamento pode ser contido, estando em nossa presença.

Dando esse passo junto com o alcoólatra, podemos deixá-lo mais seguro para absorver a experiência do humano dentro de si, e não mais o desgosto das consequências da inumanidade delirante de dentro da garrafa. Nesse momento, se tudo transcorre favoravelmente, e sem intercorrências muito intensas, o alcoólatra toma contato com o fracasso do seu projeto psicorreligioso – que implicava o intento de escapar do humano para ser um deus feito de álcool – e, paulatinamente, passa a aceitar e sentir as dores humanas, sem catástrofes.

Várias ações psíquicas efetivam-se simultaneamente no ponto do trabalho em que nos encontramos, e o ideal onipotente cede lugar a um real humano ligado à própria vida e à vida da família e, por extensão, da coletividade. As coisas passam a ser entendidas, as verdadeiramente impossíveis convivendo com as possíveis, o que significa que ser impossível é uma condição comum a todo ideal, e que o possível é uma condição comum a todo real acessível.

Enfim, o 'chum' oferece uma constatação que liberta, porque usa a realidade que, ao contrário do que muitos proclamam, não é dura, é boa, pois, com ela, muito se pode realizar, ao contrário das viagens aos imaginários inconscientes da completude e imortalidade, que não têm utilidade alguma.

Transformar o real humano em algo a ser construído é instigante, mesmo que esse real, embora transformável, seja intransponível. Essa é a humanização, e ela é boa. É ela que alimenta a esperança de todos os dias o humano acordar para uma nova empreitada de descobertas, nascidas não da capacidade para fingir, mentir e dopar-se, mas, ao contrário, da capacidade de fazer perguntas inteligentes que estimulam a resolver as dificuldades, apesar de saber da existência das insolúveis.

É para onde tende o choque de humanidade: na direção constante de apontar e sublinhar a oportunidade que uma vida humana bem vivida pode oferecer-nos de satisfatório e de proveitoso. E, para ser uma boa vida, é preciso que seja vivida de tal forma que possa recuperar o homem comum, no *idealcoolista*, dando-lhe a real possibilidade de habitar conosco a região dos humanos não especiais, uma terra onde coexistem os não diferentes, os humildes e os anônimos.

Porém, e sabemos disso pela clínica, o salto para uma área mais profunda da mente só acontece se o *idealcoolista* viver sob o comando de algumas leis simples, que lhe tragam benefícios modestos, mas verdadeiramente eficazes, uma vez que a estadia progressivamente maior e mais duradoura no mundo real, com nosso auxílio, pré-exercita o homem, ainda prisioneiro da bebida, para o dia em que consiga usufruir de seus traços característicos, ainda vivos, de homem comum capaz de conter--se e, justamente por isso, ser criativo diante de seus enigmas, dúvidas e impulsos destrutivos.

Tudo se deve dar aos poucos, tendo início a partir da realidade concreta da existência de seu próprio corpo (aparência, altura, peso, cor da pele, vestuário etc.) e, concomitantemente, pelas diversas tonalidades mentais adquiridas ao longo das sucessivas alcoolizações alcoólatras. Vamos ajudando-o a se auto-observar em sua humanidade, descrevendo com ele, e para ele, os diferentes processos que estão em jogo em sua mente, enquanto sofre sérias perdas de força mental – força mental que, primariamente, deveria ter sido usada para pensar seus próprios pensamentos, mas que, como alcoólatra, o foi para montar desculpas, mentiras, racionalizações e teorias favoráveis a continuar sendo deus através do uso psicótico do álcool.

É possível ajudar o *idealcoolista*, inclusive o ainda alcoólatra, a estar atento para as ciladas e os danos que seu *idealcoolismo* alcoólatra produziu nas mais diferentes circunstâncias de sua vida. Com paciência, fazemos o paciente perceber a privação de significado profundo e do valioso ser de cada um por esses danos e, assim, por consequência, a dificuldade de conquistarem a si mesmos como um bem a zelar. As possíveis doenças orgânicas contraídas, as perdas de dinheiro e as amorosas, tanto quanto as relativas à família e profissão, impõem-se em uma sucessão tão insondável, que dissolve as relações de causa e consequência entre os eventos vividos e os atos insanos cometidos durante a alcoolização alcoólatra.

Isso se explica, pois a lógica que envolve ter responsabilidade está comprometida e contaminada por uma culpa insuportável, tornando essa uma experiência impossível de ser sentida. O alcoólatra nunca erra, está sempre certo, e não pode errar porque o castigo será sempre feroz.

Convém lembrar ao *idealcoolista*, sempre que houver oportunidade, sua mortalidade e os descuidos consigo para cumprir o mandato de seu deus. Nesse sentido, é bom que ele comece a discriminar, não cedendo e resistindo quando seu louco deus o chama para outros atos insanos.

Os choques de humanidade procuram gerar uma perturbação na crença delirante e na fé cega (psicótica) do indivíduo, visando afastá-lo das pregações da seita em que crê na existência do álcool como um ideal divinizado.

Em razão disso, proporcionam mais chances efetivas para que o alcoólatra consiga, parando de beber, dar seu primeiro passo para alcançar o estado alcoólico, deixando de alimentar com o álcool (corpo incorporal – substância ideal) os desejos alienantes de sua supostamente terrível condição humana.

Vagarosamente, mas com firmeza, mostra-se a ele, por meio dos sucessivos, alternados e graduais choques de humanidade, que a vida sem o álcool é possível e que pode ser prazerosa, inclusive sem os superprazeres.

Freud escreve:

> A partir do momento que os médicos reconheceram claramente a importância do *estado psíquico* na cura, tiveram a ideia de não mais deixar ao doente o cuidado de decidir sobre o seu grau de sua disponibilidade psíquica, mas, ao contrário, de arrancar-lhe deliberadamente o *estado psíquico* favorável graças a meios apropriados. É com essa tentativa que se inicia o tratamento psíquico moderno. (apud Fédida, 2002, p. 119 grifo nosso)

Pensando nessas palavras, acreditamos que o profissional atuante nesse campo, provavelmente, terá melhor êxito se for mais ativo – para os psicanalistas, claro está, com o devido respeito à metodologia e técnica psicanalíticas – na busca de ações na direção da mudança de estado do paciente: de alcoólatra para alcoólico.

Em nossa experiência clínica, é assim que se dá. Com essa tentativa, é iniciado e desenvolvido o tratamento do *idealcoolista* e, entre os meios apropriados para o verdadeiro desenvolvimento de uma operação de cura psíquica do alcoolismo, está o choque de humanidade, com destacada função na compreensão, no tratamento e no auxílio da redução dos efeitos devastadores da patologia.

Se, apesar de toda a explanação, ainda nos for permitido afirmar algo sobre um trabalho possível no âmbito do alcoolismo, defenderemos que o 'chum', no sentido de ser uma luta contra o não se sentir humano, busca o fortalecimento de uma crescente confiança na construção de uma humanidade derivada, de fato, do encontro com o outro, humanidade que passa solidariamente e faz história e cultura por dentro do outro, não mais enfurnado no álcool.

Nessa perspectiva, de certo modo, o choque é a construção do encontro com alguém que pode auxiliar a digerir e suportar uma dor, sem reagir loucamente a ela. Esse é o desafio do terapeuta de alcoólatras: dar forma humana a dores inumanas e desumanas. Isto é, permitir que diversas e diversas vezes passe por dentro de sua mente a dor de alguém que não pode sentir, em si próprio, a dor que já sente, e não é capaz de sofrê-la em seus sentimentos, e, então, precisa do terapeuta para seguir em frente com sua questão e seu enigma, buscando, para ambos, algum significado.

Aí está o jogo: achamos possível traduzir a dor inumana e desumana em dor humana. Para dar certo, é preciso que se ofereça uma mente treinada, que possa ler o que a do alcoólatra precisa que se leia. Uma mente capaz de dizer para o *idealcoolista*: a dor por ele transferida, sem nenhum critério, é, em nós, ainda passível de modificação, e podemos traduzi-la, porque somos significativos para esse alguém que, em nós, confia.

Aqui, o 'chum' adquire importância máxima, pois tenta recuperar o gesto original, de confiança e de vínculo com o objeto que acolhe o bebê humano. Nesse ponto, o método alcança a maior precisão, pois quando afirmamos que, por confiar em alguém o paciente pode experimentar (nele e junto com o outro) a dor que antes não podia sentir, torna-se possível, para ele, parar de beber como forma de agir diante daquela dor. Em outras palavras, estamos dizendo, o paciente deve compreender a necessidade de, primeiro, achar uma mente acolhedora para depois poder transferir sua dor para ela e, enfim, de confiar que essa mente possa ler, de modo razoável, o transmitido, devolvendo-lhe traduzido de modo mais acessível.

É por onde se busca uma saída humana para tornar o sofrimento mais tolerável. O 'chum' implica reconhecer, como necessário, que, aquilo que não tem sentido, passe por dentro de outra mente humana, mais equipada e capacitada a compreender o que está dito no grito de quem pede tradução e ajuda.

Além disso, está pressuposto que é exatamente por ser necessário ao nosso paciente procurar escapar de suas dores por meio de soluções criativas, ao invés da anestesia a qualquer preço, que, agora, depois do choque, ele possa lidar de modo mais criativo e cooperativo com elas, porque agora pode tomá-las como um estímulo para obtenção de liberdade, permitindo, ao que seja seu, passar por dentro de acontecimentos significativos, de pessoas significativas, e abrir-se a uma nova forma de vida, agora, ao largo do consumo "salvador" do álcool.

Derradeiras ressalvas:

Para que o método provoque resultados proveitosos e caminhe na direção da reumanização do alcoólatra, é preciso que a religião degradada não esteja tão instalada, de modo que já se tenha incorporada à vida do sujeito e, com isso, fixada em defeito de caráter. Também não se recomenda o choque de humanidade para aqueles em que o masoquismo – mortífero e moral – seja tão intenso, a ponto de impedir qualquer acesso subjetivo de algum estranho, vindo de fora, sem o álcool.

Ao mesmo tempo, é imprescindível que o *idealcoolista*, no início do tratamento, tenha mínimas condições egoicas de entristecer-se sem melancolia. É necessário que, pelo menos, uma centelha dessa habilidade esteja acesa. Isso, por si, ajuda muito o trabalho de resgate da sua humanidade, pois permite, ao *idealcoolista*, deixar, vez por outra, seu refúgio nas alcoolizações alcoólatras. Ao agir assim, talvez as defesas egoicas melhor evoluídas do alcoólatra possam dificultar as tão frequentes escapadas do alcoólatra para os refúgios na organização patológica – de cunho psicorreligioso.

Essas são condições indispensáveis. Sem elas, não há possibilidade de dar início e continuidade ao tratamento. A sequência de qualquer ação terapêutica com o alcoólatra exige a existência de um *ego* minimamente integrado, para que ele, ao se vincular, ainda que fracamente no início, possa evadir-se de suas condições inumanas e estabelecer contatos com sua humanidade, inicialmente conosco e, gradativamente, com a realidade e o mundo humano.

Referências bibliográficas

BION, W. R. *Estudos psicanalíticos revisados*. Second thoughts. Rio de Janeiro: Imago, 1994.

BRENMAN, E. (1985) Crueldade e estreiteza mental. In: *Melanie Klein Hoje*, v.1. Rio de Janeiro: Imago, 1991.

FÉDIDA, P. *Dos benefícios da depressão*: elogio da psicoterapia. Trad. Martha Gambini. São Paulo: Escuta, 2002.

FERRATER-MORA, J. *Diccionario de filosofia*. Madri: Aliange Editorial, 1984.

FREUD, S. (1904) Os chistes e a sua relação com o inconsciente. *Edição Standard Brasileira das Obras Psicológicas Completas*. Rio de Janeiro: Imago, 2006. v.VIII.

_____. (1905) Três ensaios sobre a teoria da sexualidade. *Edição Standard Brasileira das Obras Psicológicas Completas*. Rio de Janeiro: Imago, 1969. v.VII.

_____. (1911) Formulações sobre os dois princípios do funcionamento mental. *Op. cit*. Rio de Janeiro: Imago, 1969. v.XII.

_____. (1914) Sobre o Narcisismo: Uma introdução. *Op. cit*. Rio de Janeiro: Imago, 1969. v.XIV.

_____. (1915) A pulsão e seus destinos. *Op. cit*. Rio de Janeiro: Imago, 1969. v.XIV.

_____. (1917) Luto e melancolia. *Op. cit.* Rio de Janeiro: Imago, 1969. v.XIV.

_____. (1919) Uma criança é espancada. *Op. cit.* Rio de Janeiro: Imago, 1969. v.XVII.

_____. (1920) Além do princípio do prazer. *Op. cit.* Rio de Janeiro: Imago, 1969. v.XIX.

_____. (1923) O Ego e o Id e outros trabalhos. *Op. cit.* Rio de Janeiro: Imago, 2006. v.XIX.

_____. (1924 [1923]) Uma breve descrição da psicanálise. *Op. cit.* Rio de Janeiro: Imago, 1969. v.XIX.

_____. (1924) O problema econômico do masoquismo. *Op. cit.* Rio de Janeiro: Imago, 1969. v.XIX.

_____. (1926) Inibições, sintomas e ansiedade. *Op. cit.* Rio de Janeiro: Imago, 1969. v.XX.

_____. (1927) O futuro de uma ilusão. *Op. cit.* Rio de Janeiro: Imago, 1969. v.XXI.

_____. (1930 [1929]) O mal-estar na civilização. *Op. cit.* Rio de Janeiro: Imago, 1969. v.XXI.

_____. Carta número 2: 9.2.1909. In: FREUD, E.; MENG, E. (Orgs). *Cartas de Freud e Pfister:* Um diálogo entre a psicanálise e a fé cristã. Trad. K. H. Kleper e D. Junge. Minas Gerais: Ultimato, 1998.

FRIES, H. *Dicionário de teologia:* conceitos fundamentais da teologia atual. São Paulo: Loyola, 1970.

GALEANO, E. *O livro dos abraços.* Trad. Eric Nepomuceno. 9. ed. Porto Alegre: L&PM, 2002.

HINSHELWOOD. *Dicionário do pensamento kleiniano*. Porto Alegre: Artes Médicas, 1992.

HOPER, E. A Psychoanalytical Theory of Drug Addiction: unconscious fantasies of homosexuality, compulsions and masturbation within the context of traumatogenic processes. *Int. J. Psychoanal*, 76(6): 1121-1142. 1995.

KALINA, E.; KOVADLOFF, S. *Drogadicção*: Indivíduo, família e sociedade. Rio de Janeiro: Francisco Alves, 1983.

KLEIN, M. *Uma contribuição à psicogênese dos estados maníaco-depressivos*. Rio de Janeiro: Imago, 1935.

_____. (1957) *Inveja e gratidão*. Rio de Janeiro: Imago, 1991.

_____. *Amor, culpa e reparação*. Rio de Janeiro: Imago, 1996.

_____. *A psicanálise de crianças*. Rio de Janeiro: Imago, 1997.

LAPLANCHE, J; PONTALIS, J-B. *Vocabulário da Psicanálise*. 4.ed. São Paulo: Martins Fontes, 2001.

LIMENTANI. *On drug dependence I: Between Freud and Klein* – The psychoanalitic quest for knowledge and truth. Londres: Free Association Books, 1989.

MELLO FRANCO FILHO, O. O eclipse do divino e a psicanálise. *Revista Ide*, 1(1). 1975.

MICHAELIS. *Moderno dicionário da língua portuguesa*. São Paulo: Melhoramentos, 1998.

MILAM, J. R.; KETCHAM, K. *Alcoolismo* – Os mitos e a realidade. São Paulo: Fundo Educativo Brasileiro, 1983.

PATTISON, E. M; KAUFFMAN, E. *Encyclopedic Handbook of Alcoholism*. Nova York: Gardner Press, 1982.

PESSOA, Fernando. *Obras em prosa*. Vol. Único. 3ª ed. Rio de Janeiro: Nova Aguilar, 1982.

RÁDO, S. The psychic effects of intoxication: attempts at a psychoanalytic theory of drug addiction. *Int. J. Psychoanal*, 7,1926.

RAMOS, S. P. A psicanálise e os dependentes de substâncias psicoativas: onde está o pai? *Revista Brasileira de Psicanálise*, 38(3), 2004.

ROSENBERG, B. *Masoquismo mortífero e masoquismo guardião da vida*. São Paulo: Escuta, 2003.

ROSENFELD, H. *Psicopatologia do alcoolismo*. Revisão crítica da literatura psicanalítica, 1964. Rio de Janeiro: Jorge Zahar, 1968.

_____. *Os estados psicóticos*. Psicopatologia da toxicomania e do alcoolismo. Revisão crítica da literatura psicanalítica, cap. 13. Rio de Janeiro: Imago, 1990.

SANDLER, J. *O paciente e o analista*: fundamentos do processo psicanalítico. Trad. José Luis Meurer. Rio de Janeiro: Imago, 1985.

SEGAL, H. (1950) *Sonho, fantasia e arte*. Coleção Nova Biblioteca de Psicanálise. Rio de Janeiro: Vários editores, 1979.

STEINER, J. O interjogo entre organizações patológicas e as posições esquizoparanoide e depressiva. In: KLEIN, M. *Melanie Klein Hoje*: Desenvolvimento da teoria e técnica. 1. Trad. Belinda Piltchen Haber. Rio de Janeiro: Imago, 1990.

Publicações dos Alcoólicos Anônimos (Junta de Serviços Gerais de AA do Brasil, 1971)

AA atinge a maioridade
Alcoólicos Anônimos – Livro Azul
Os doze passos e as doze tradições
Reflexões diárias
O modo de vida de AA (trechos selecionados do cofundador de AA) (1967)
Viver sóbrio
Viemos a acreditar
Linguagem do coração
Levar adiante
Revista Vivência (diversos números)

Apêndice I

O pequeno grande guia do
IDEALCOOLISMO

1. O que é o *idealcoolismo*?

Generalizadamente, é um conjunto dinâmico de específicos estados mentais, uma conduta de cunho psicorreligioso – subjetiva, particular e degradada – que tem seu núcleo patógeno básico apoiado em um tripé: o masoquismo mortífero e moral, a organização patológica de estreiteza mental e o uso dos efeitos psicossomáticos do álcool para buscar um determinado tipo de ideal tratado pelo sujeito como um deus. Tal conduta tem caráter próximo do que nossa cultura entende por religião, e que nós, em alguns casos, chamamos loucura. Portanto, o alcoolismo não é simplesmente uma dependência da química do álcool ou um comportamento aditivo, mas, antes de tudo e inconscientemente, uma negação da condição humana e consequente busca do ideal inumano. É aderência psicorreligiosa a uma fé psicótica no ideal.

2. Como se aplica o conceito de estado no *idealcoolismo*?

Estado é um conceito central na compreensão do alcoolismo e o *Dicionário Michaelis* (1998) compila os seguintes significados para essa palavra:

> 1. Modo de ser ou estar. 2. Condição, disposição. 3. Modo de existir na sociedade; situação em que se encontra uma pessoa. 4. Disposição particular das faculdades mentais. 5. Período de tempo durante o qual está em efeito ou vigor determinada situação. 6. Posição relativa de um indivíduo em relação a outros indivíduos. 7. Situação organizada em função de determinantes próprios.

Esse conceito, aplicado no *idealcoolismo*, mostra que a situação do indivíduo pode organizar-se desigualmente a partir da relação que tem com a bebida alcoólica. Daí, resultam funcionamentos mentais e modos específicos de existir na sociedade, que operam de acordo com a finalidade, a intensidade e a frequência com a qual o sujeito bebe. Dessa forma, são estabelecidos estados mentais que se alteram e se alternam, em função dos diversos momentos do *idealcoolismo*. Essa dinâmica refere-se, diversamente, ao estado daquele que está frequentemente alcoolizado ou bêbado (possuindo uma disposição peculiar e anômala de conduta), ao do indivíduo no intervalo de suas alcoolizações, ao daquele que está construindo uma disposição específica das suas faculdades mentais durante um período inicial de recuperação do *idealcoolismo* e ao do sujeito cuja situação passou a organizar-se ao redor de um determinante próprio: deixar para trás as alcoolizações alcoólatras e desenvolver um modo de vida com crescente humanização. Ao ser usado o conceito de estado no *idealcoolismo*, favorece-se esclarecimento maior dos meandros da ligação da psique com os efeitos do álcool. Essa ligação envolve uma problemática de ordem psicológica e sociocultural complexa, que não tem sido devidamente observada, principalmente por aqueles que pensam o alcoolismo pelo viés bioquímico e formulam uma teoria que insiste em dar valor à dependência do agente químico, e não à trama psíquica inserida na cultura e na sociedade. O alcoólatra faz um jogo pesado com a cultura, o corpo, o uso psicorreligioso do veículo intoxicante e com a própria intoxicação. É o que se deve recuperar no estudo dos abusadores do álcool, por meio da pesquisa e do estudo criterioso.

3. Que estados o *idealcoolismo* produz no sujeito em sua relação com o álcool?

São quatro: *idealcolista*, alcoólatra, alcoólico e ex-alcoólatra não alcoólico.

1) O *idealcolista* é o indivíduo partidário de crenças do *idealcoolismo* ou sob sua influência. É o alcoólatra no intervalo entre as suas bebedeiras e, igualmente, o indivíduo que está tentando recuperar-se de sua condição alcoólatra, ainda no período inicial da sua

abstinência e, por essa razão, bastante vulnerável aos valores e atrativos da religião degradada *idealcoólica*. É o indivíduo que, embora não esteja mais na condição alcoólatra, ainda não alcançou o estado alcoólico. O sufixo 'ista' (do latim *ista*, do grego *istés*) é empregado em *idealcoolista*, porque apresenta a ideia de agente (como em 'balconista', 'propagandista') ou de partidário de um sistema filosófico, político, religioso, ideológico (como em 'budista', 'comunista', 'kantista').

2) O alcoólatra é o adorador do álcool, por excelência. É o fiel da religião degradada *idealcoólica*. Etimologicamente, o sufixo 'latra', que é derivado do grego *'latreia'*, indica adoração, veneração, culto, servidão. Dessa forma, o alcoólatra é o indivíduo adorador, cultuador e submisso ao álcool. Ele pratica a *idolalcoolatria*, com finalidades psicorreligiosas, para atingir um estado ideal que é inumano: o álcool está acima de tudo em sua vida, acima da profissão, casamento, dinheiro, filhos etc. A alcoolização alcoólatra é especialmente divinizada por ele. Nas palavras de Freud (1930, p. 98) o homem "formou uma concepção ideal de onipotência e onisciência que corporificou em seus deuses". O álcool, para o *idealcoolista* que está no estado alcoólatra, é deus que dirige seu destino.

3) O alcoólico é o indivíduo que desenvolveu a consciência de ser um ex-alcoólatra e um ex-*idealcolista* e vai aceitando-se humano; e, por buscar essa consciência,

ele procura construir uma nova organização psíquica e um novo modo de ser para defender-se do álcool, organização psíquica com serventia para outros aspectos de sua vida. Ele procura o prazer, prioritariamente, sabendo-o restrito ao caminho conduzido pelo princípio da realidade. Podemos dizer que o indivíduo, ao conquistar o estado alcoólico, conseguiu majoritariamente abandonar sua organização patológica de estreiteza mental indexada ao álcool, pôde gradualmente fazer prevalecer o masoquismo guardião da vida sobre o mortífero, ingressou e alcançou razoáveis níveis de elaboração da posição depressiva, conseguindo ainda elaborar lutos e fazer reparações. O sufixo 'ico', de alcoólico, dá a noção de referência ou participação a um grupo ou a algo. Alcoólico é, desse modo, o indivíduo que, ao deixar seu *idealcoolismo*, passou a pertencer ao grupo de ex-*idealcoolistas* e ex-alcoólatras.

4) Existe, também, o estado do ex-alcoólatra não alcoólico. Nele, estão os indivíduos que, tendo deixado a condição de alcoólatra, não caminharam para a conquista do estado alcoólico, permanecendo apenas como ex-alcoólatras. Geralmente, são aqueles indivíduos que, por terem tido graves problemas de saúde física, foram obrigados a deixar de beber por ordem médica, sem promover mudanças mais significativas em seus processos psíquicos.

4. Uma vez alcoólatra, sempre alcoólatra?

Não, alcoólatra é um estado, e não essência do indivíduo; tipificando uma característica impossível de ser abandonada.

5. O que representa o conceito de ideal no *idealcoolismo*?

O conceito de ideal – etimologicamente, do latim, *idealis* – representa um estado de excelência inumana, no qual, a incompletude e as mazelas humanas encontram uma solução perfeita. Nele, pode-se tornar real o delírio de que algo possua um grau de total perfeição. Por ideal, compreende-se a fantasia inconsciente de tentar alcançar um estado de imortalidade, onipotência e onisciência, um estado de atemporalidade, ausência de espacialidade, portanto, de corpo, e a imersão em uma ilusão de completude e invulnerabilidade. O conceito de 'ideal', assim explicitado, casa-se bem com o anseio de um indivíduo por prazeres divorciados do princípio da realidade e diferentes, como o de sentir-se uma espécie de prótese de deus por meio dos efeitos psicossomáticos do álcool.

6. O que significa o conceito '*idealcoolismo*'?

O conceito de '*idealcoolismo*' pretende precisar melhor o que se passa com o alcoolismo; uma vez que o indivíduo, ao ingerir alcoolatramente, faz um uso muito específico, ao valer-se dos efeitos psicossomáticos do álcool, para alcançar o ideal inumano. A união de 'ideal + álcool + ismo' clareia a orientação de nosso pensamento, pois 'ismo' é um sufixo do grego, *ismos*, formador de substantivos que denotam sistema, conformação, imitação: cristianismo, materialismo etc., e assim, por *idealcoolismo*, compreende-se o sistema que expressa a busca psicorreligiosa do ideal por meio da ingestão do álcool.

7. Para o *idealcoolista*, o álcool significa o mesmo que para as outras pessoas?

Não, o prazer que o alcoólatra obtém na ingestão da bebida alcoólica não é semelhante aos que outros obtém. Há algo a mais, que exerce poderosa atração sobre o alcoólatra, podendo levá-lo às alturas onipotentes e oniscientes, pervertendo a vida humana comum em vida inumana, sem limites. Existe algo além, presente nos efeitos psicossomáticos do álcool ingerido, que, para o alcoólatra, tem outro significado psíquico, dá conteúdo e forma a um tipo de mente que o torna desmedido para, inconscientemente, sentir-se divinizado. Algo que faz com que ele se sinta tendo uma experiência particular com sua divindade. É, na verdade, uma maneira específica de metabolizar psiquicamente os efeitos químicos do álcool, de forma tal que as referências ao humano e ao divino fiquem, respectivamente, perdidas e otimizadas, proporcionando o prazer diferente da sensação de ser sobre-humano.

8. O que é o álcool no sistema psicorreligioso do *idealcoolismo*?

É um 'corpo incorporal – substância ideal', proveniente da transformação dos efeitos psicossomáticos do álcool, operada como consequência de uma equação simbólica[1] (Segal, 1950; Brenman, 1985, p. 167-82), que define o veículo e o vínculo entre o alcoólatra, a bebida e a divindade. O álcool serve como transporte, e pode ser também equiparado, por equação simbólica, a uma essência de divindade. Logo, o ideal de ser um deus iguala-se ao uso do álcool como essência divina (álcool = deus). Disso, resulta que o álcool-prótese--de-deus oferece um apelo, quase irrecusável, ao alcoólatra: igualá-lo ao ideal, fazendo dele também um deus. Algo a mais é apossado pelo indivíduo na transcendência alcoólatra (estado de progressiva embriaguez), algo que impõe um modelo mental, que faz um uso absorvente de uma religiosidade degradada inconsciente. Ser um deus é o que o alcoólatra extrai dos resultados psicossomáticos produzidos pelos efeitos químicos da bebida alcoólica. É o álcool como "um 'corpo estranho' ideal, um líquido 'que poderia ser incorporado, já que 'incorporal'" (Fédida, 2002, p. 112).

---

1 Equação simbólica: o símbolo é igualado ao objeto primordial que desperta a carga afetiva e o símbolo confunde-se com o objeto originário. Uma vez formado, contudo, o símbolo não funciona como tal, mas torna-se, em todos os aspectos, equivalente ao objeto.

9. Em qual faixa etária o *idealcoolismo* está mais propenso a instalar-se?

É durante a adolescência, na maioria absoluta dos casos, que se instaura o *idealcoolismo*. Nessa fase, como se sabe, o indivíduo está elaborando sua identidade e atravessando significativas mudanças biopsicossociais, só suplantadas pelas ocorridas por ocasião do nascimento, o que o torna mais sensível à religiosidade ou ao ateísmo, à rebeldia e aos questionamentos metafísicos de várias ordens sobre a vida e a morte. As condições dessa etapa evolutiva reportam-se, por sua vez, tanto às experiências das relações iniciais com os pais quanto às atuais. O adolescente que teve o pai ausente e uma relação perturbada com a mãe sente, de forma aguda, o desamparo e a impotência perante a vida e intensas dificuldades na organização de sua identidade. O contexto estimula uma tentativa de fuga do humano na busca de um refúgio no ideal inumano, pois, nesse momento, o confronto entre humanidade e inumanidade encontra-se renovadamente recrudescido. A não aceitação da natureza humana torna-se maior diante da percepção que o indivíduo passa a ter, de sua iniludível finitude, percepção acentuada em consequência dos diferentes lutos vivenciados pelo adolescente nas diversas perdas do estado infantil. Se propenso ao *idealcoolismo*, ele a sente intolerável e tenta encontrar, no álcool, a força e os prazeres do ideal desumano, buscando fugir ainda mais dos seus limites de humanidade.

10. Quais as formas de alcoolização existentes?

Há duas: a alcoólica (alcoolização infantil transitória) e a alcoólatra (alcoolização prepotente, arrogante), um vínculo psicótico com o objeto idealizado, com pai e mãe onipotentes, uma alcoolização imatura crônica.

Alcoolização alcoólica: representa a possibilidade de produzir – aliada ao sabor diferencial e às características de cada bebida – uma sensação de prazeres sensoriais (e estéticos: gustativo, olfativo, visual) e de relaxamento, além de desembaraçamento da convivência social, tornando-a mais fluente, aceitável ou digerível, proporcionando ao usuário um tipo de descontração e um estado psicológico que na falta de palavra melhor pode ser chamada de agradável.

Alcoolização alcoólatra: está imersa em uma forma de delírio, que envolve o desenvolvimento inconsciente da fé psicótica em um ideal psicótico (megalomaníaco, arrogante e irresponsável). Nela, inserindo o alcoolismo na cultura, o indivíduo faz uso de um ideal, supostamente alcançável por meio da identificação sem limites com o deus Álcool, um deus Todo-Poderoso, sem cuidados para com a vida humana, aquela que ele tem para cuidar, a dele própria. É o impulso irrefreável a uma devoção – desmedida – por uma divindade psicótica, criada por uma fé peculiar, geradora da transcendência alcoólatra. No templo onde o cerimonial ocorre, ela é a celebração central da religião degradada, baseada na *idolalcoolatria*.

11. Como identificar um *idealcoolista*?

Ele é, muitas vezes, de difícil identificação, dada a existência de muitos bebedores contumazes que não se enquadram no perfil. Há, porém, alguns indícios facilitadores na forma de beber: o *idealcoolista*, atraído pelo estado alcoólatra, bebe de maneira mais rápida, tem enormes dificuldades em parar e evita deixar restos de bebida no copo. Quando a bebida alcoólica é consumida com finalidade de recreação, o indivíduo comum está em busca da transcendência alcoólica, enquanto o *idealcoolista* almeja a transcendência alcoólatra O primeiro contenta-se com uma moderada ingestão da bebida, que é, para ele, sobretudo, motivo de relaxamento e descontração, a proporcionar ambiente de sociabilidade mais agradável. No segundo, entretanto, a ingestão é sempre exagerada e tem, por finalidade, atingir o ideal ou a sensação de posse do divino. O *idealcoolista* busca a transcendência alcoólatra de servidão, cultuação e apossamento da divindade.

12. Quando um *idealcoolista*, no estado alcoólatra, aceita pedir ajuda?

No momento em que, após receber sucessivos choques de humanidade ('chum') defronta-se minimamente com sua condição humana e desilude-se do álcool como o deus poderoso que o livraria dos sofrimentos próprios de sua humanidade, percebendo não haver saída: a quantidade de bebida não o impede de manter-se ser humano.

13. O *idealcoolismo* é uma toxicomania?

'Toxicomania', do grego, *toxikon* = tóxico, veneno + *mania* = loucura, excitação, significa uma impulsão irresistível ao uso de certas substâncias <u>tóxicas</u> (psicoativas) por amor às sensações anômalas e prazerosas que elas produzem. Refere--se, principalmente, à dependência dos efeitos biológicos e orgânicos produzidos pela droga, o que não é prioritariamente a condição do *idealcoolismo*.

Segundo a <u>Organização Mundial da Saúde</u>, a definição estrita da toxicomania corresponde a quatro elementos:
* compulsão para consumir o produto;
* tendência para aumentar as doses de consumo;
* dependência psicológica e/ou física;
* consequências nefastas sobre o cotidiano (emotivas, sociais, econômicas).

Não que, no *idealcoolismo*, não interfiram elementos de toxicomania, mas tais são fatores secundários. No seu sistema psicorreligioso, o alcoólatra, primariamente, bebe e depende do uso que faz do álcool para negar sua humanidade e buscar a única transcendência que, para ele, toca o ideal: a alcoólatra.

14. Se o *idealcoolismo* não é uma toxicomania, em que reside sua força?

No fato de impor, ao psiquismo do indivíduo, por meio da alcoolização alcoólatra, a ilusão de ser possível atingir uma felicidade completa, ao alcançar dois objetivos de uma só

IDEALCOOLISMO: UM OLHAR PSICANALÍTICO SOBRE O ALCOOLISMO 259

vez: ausência de sofrimento e desprazer; sensações intensas de prazer sem levar em conta a realidade humana. Com isso, "desprezando todas as normas do universo" (Freud, 1930, p. 74), o alcoolismo restringe os propósitos da vida do alcoólatra apenas às suas perenes tentativas de executar o programa do princípio do prazer, que está, no caso do *idealcoolismo*, significativamente mesclado ao princípio de Nirvana.

15. Como se caracteriza o masoquismo mortífero no *idealcoolismo*?

Por uma falha na constituição do masoquismo erógeno primário, o posterior desenvolvimento do princípio de realidade[2] enfrenta, no alcoólatra, dificuldades de ser o norte da bússola psíquica. No masoquismo mortífero alcoólatra, a busca de um prazer é mais pertinente ao principio de Nirvana (instinto, pulsão de morte) que ao do prazer/realidade (instinto, pulsão de vida) – uma vez que, nele, o princípio de prazer está significativamente mesclado ao princípio de Nirvana, por falhas no enlaçamento da excitação livre operado pela pulsão de vida –, restando, ao princípio de realidade, um espaço psíquico de ação bastante reduzido. Assim como na anorexia mental grave, em que o indivíduo vivencia uma espécie de orgasmo, através do recorrente investimento libidinal (qualitativamente prazeroso)

---

[2] O princípio de realidade propõe maior adiamento da descarga. Oferece descargas pequenas, para que o psiquismo vá se compensando, enquanto o estímulo bruto ou é ligado pela libido ou busca uma saída. Há, em decorrência, aceitação provisória do desprazer gerado pela tensão da excitação.

no desprazer da excitação gerada pela fome, no *idealcoolismo*, o alcoólatra experimenta uma espécie de orgasmo por meio do progressivo investimento libidinal (qualitativamente prazeroso) na excitação prazer/desprazer produzida pelos efeitos químicos do álcool e nos sofrimentos impostos à sua vida, como um todo. O alcoólatra entra na transcendência alcoólatra para assegurar um refúgio do contato com a realidade humana, que lhe é insuportável. Ele tem o intuito de anestesiar-se de intensas angústias e, também, de usufruir o prazer desmedido do investimento qualitativo que sua libido, atordoada pela excitação[3], faz na excitação psicossomática do álcool e nos sofrimentos produzidos pelas alcoolizações alcoólatras.

16. O *idealcoolismo* é uma organização patológica das defesas egoicas?

Sim, ele sempre constitui uma forma de organização patológica. Por meio de um uso peculiar dos efeitos psicossomáticos do álcool, o indivíduo põe em ação suas fantasias onipotentes e mecanismos mentais primitivos (delírios internos de autossuficiência, arrogância e audácia sem limites), que tomam a forma de uma complexa organização de defesa com propriedades especiais. A organização patológica alcoólatra de estreiteza mental proporciona um tipo de pseudointegração, sob

---

3   Sua libido, atordoada, é consumida na tarefa insana de ligar toda a pulsão de morte majoritária que restou internamente e que, portanto, constitui agora seu masoquismo mortífero.

o domínio de estruturas narcísicas, que se pode mascarar como fosse uma verdadeira integração do eu, dando ao alcoólatra a ilusão de uma relativa isenção de ansiedade e dor. A visão do *idealcoolismo* como organização patológica assenta-se nas conceituações de Steiner (1990, p. 339):

> A organização patológica parece oferecer ao paciente um abrigo idealizado das situações aterrorizantes ao seu redor [...] as organizações patológicas têm uma representação predominantemente espacial, algumas vezes na forma de um lugar idealizado tal como uma ilha deserta, ou uma caverna ou edifício dentro do qual o paciente pode se refugiar.

Ou, usando a ideia do autor, o alcóolatra constrói esse abrigo no interior de uma garrafa, mais precisamente no interior do uso psicossomático dos efeitos químicos do líquido dessa garrafa, feito para produzir, no caso do *idealcoolista*, um abrigo idealizado fora da condição humana, criado no estado de transcendência alcoólatra. Steiner (ibid., p. 329) considera o modo segundo o qual

> as defesas podem ser reunidas em organizações patológicas que tem um profundo efeito sobre a personalidade e podem levar a *estados mentais* que se tornam fixados de modo tal que o paciente em análise apresenta uma ausência característica de *insight* e resistência à mudança". (grifo nosso)

Esse é o caso do alcoólatra. Finalmente, a organização patológica é constituída como a solução mais viável e oportuna, tornando-se um local de refúgio para ele, que tem urgente necessidade de salvar-se com o álcool como um corpo incorporal – substância ideal. No *idealcoolismo*, instala-se um processo de estreitamento mental, no qual, geralmente, o indivíduo não é capaz de enxergar a si mesmo como alcoólatra, e o álcool passa a ocupar toda sua vida, em sucessivas transcendências alcoólatras nutridoras da organização patológica.

17. Como se opera, no alcoólatra, a criação de uma religião degradada?

Ele faz, da sua relação com o álcool, prática religiosa degradada, em função de uma inversão da natureza da religião: o alcoólatra apodera-se do divino, simulando sua existência no álcool, enquanto bebe. Em virtude de seu narcisismo desmedido, e do deus submisso que acredita ter criado, ele eleva a alcoolização alcoólatra a uma posição de transcendência exclusiva, a única que é importante e que vale a pena ser vivida, como se fosse imortal e invulnerável, porque toca em seu ideal de ser deus e negar-se humano.

18. Por que o *idealcoolismo* é pouco reconhecido em sua dimensão de religião degradada?

A religião *idealcoólica* é de difícil reconhecimento, principalmente porque, quase sempre, corre uma noção da religião

IDEALCOOLISMO: UM OLHAR PSICANALÍTICO SOBRE O ALCOOLISMO

e do religioso associada à ideia de dedicação à boa santidade e ao bom sagrado, às orações, aos livros espirituais, às mensagens sublimes de amor à vida e a Deus, às cerimônias religiosas, aos templos e às igrejas. Convém que tal visão seja suplantada, para que o preconceito não obscureça uma compreensão mais profunda de *idealcoolismo*.

19. O que é o choque de humanidade ('chum')?

É uma abordagem técnica, crucial no tratamento do *idealcoolismo* em qualquer método ou forma de compreensão. Levar o homem do álcool à possibilidade de iniciar um tratamento e ali mantê-lo é uma tarefa espinhosa, mas algumas luzes já foram acesas. A principal tarefa clínica a ser operada com os pacientes em geral e, no caso do *idealcoolismo*, com o *idealcoolista* em particular – encontrando-se ou não no estado alcoólatra – concordando com Brenman (1985, p. 270 e 272), é capacitá-lo a

> fazer uso de um mundo mais pleno, compreensivo e amoroso, que é a única experiência que pode resgatá-lo. [...] Qualquer que possa ser a perversão e a preocupação restrita, penso que em última instância é a bondade, a humanidade e a verdade que são dolorosamente ansiadas.

Por ser muito orgulhoso e narcisista, o alcoólatra é incapaz de pedir ajuda, somente tendo chances reais de deixar suas alcoolizações alcoólatras de lado quando tiver um contato razoável com sua inexorável condição humana, o que representa a função básica do choque de humanidade ('chum'). Ao tomar um ou mais choques, o alcoólatra pode confrontar sua natureza humana com sua profunda crença em alcançar um estado ideal de incorporação do divino, usando os efeitos do álcool. Ele pode compreender, gradualmente, que sua humanidade não é tão inteiramente desprovida de recursos como à primeira vista parece-lhe nem a fonte de todos os seus padecimentos. Logo, o choque de humanidade objetiva, constantemente, desacreditá-lo da possibilidade de tornar-se um deus, desumanizando-se, por meio do uso psicorreligioso dos efeitos psicossomáticos do álcool. O alcoólatra, então, pode perceber, pelo sofrimento que acompanha a desilusão, que a saída para sua vida não é mais uma busca desesperada, e fracassada, de tentar escapar do humano para ser deus. O ideal pode passar a ser entendido como algo impossível de ser atingido. Não há saída, ele é humano. Para tal fim, os choques tendem a apontar, para o *idealcoolista*, constantemente, seus traços característicos de humanidade. De início, a partir da realidade concreta da existência de seu próprio corpo (aparência, altura, peso, cor da pele, vestuário etc.) e, concomitantemente, por meio das perdas que seu *idealcoolismo* produziu nas mais diferentes circunstâncias: com possíveis doenças contraídas, de dinheiro e amorosas, nas relações familiares e profissionais etc. Convém, igualmente, lembrá-lo de sua mortalidade e dos descuidos que faz consigo. Os choques tentam gerar uma desilusão da crença e da fé psicótica do indivíduo na existência do ideal. Proporcionam, em razão disso, mais chances efetivas para que o alcoólatra consiga, parando de beber, dar seu primeiro passo para alcançar o estado alcoólico, deixando de alimentar com o álcool (corpo incorporal – substância ideal) os desejos por uma alienação de sua supostamente terrível condição humana. Mostra-se a ele, por meio de sucessivos, alternados e graduados choques, que a vida sem o álcool é possível e que pode ser prazerosa. Finalmente:

> A partir do momento que os médicos reconheceram claramente a importância do *estado psíquico* na cura, tiveram a ideia de não mais deixar ao doente o cuidado de decidir sobre o seu grau de sua disponibilidade psíquica, mas, ao contrário, de arrancar-lhe deliberadamente o *estado psíquico* favorável graças a meios apropriados. É com essa tentativa que se inicia o tratamento psíquico moderno (Fédida, 2002, p. 119, grifo nosso).

Com essa tentativa, baseadas nas palavras de Freud, inicia-se e desenvolve-se o tratamento do *idealcoolista* e, entre os meios apropriados, está o 'chum', com destacada função clínica. Somente pelo fortalecimento de uma crescente confiança em sua humanidade, como saída para se livrar do sofrimento e obter liberdade, o alcoólatra, pragmaticamente, pode abrir-se a uma nova forma de vida, fora do consumo salvador do álcool. Para que ele surta resultados proveitosos na direção da reumanização do alcoólatra, é preciso que a religião degradada *idealcoólica* não esteja tão fixada e, ainda, que seu masoquismo – mortífero e moral – não seja tão intenso. Ao mesmo tempo, faz-se imprescindível, que o *idealcoolista* no início do tratamento tenha mínimas condições egoicas para deixar seu refúgio nas alcoolizações provedoras da organização patológica de cunho psicorreligioso. Essas são condições indispensáveis, sem as quais não há possibilidade de dar início e continuidade ao tratamento. A sequência de qualquer ação terapêutica com o alcoólatra exige a existência de um *ego* minimamente integrado para que ele, ainda que tenuamente no início, possa evadir-se de suas condições inumanas e estabelecer contatos com sua humanidade.

20. A internação e o uso de medicamentos são necessários para o tratamento?

Apenas em casos extremos e mais graves, ambos são mais eficazes para que o alcoólatra, alcançando melhores índices de humanização, escape da servidão ao deus Álcool, com o início de um tratamento psicanalítico. A internação deve ser reservada, exclusivamente, como último recurso de um choque de humanidade mais geral. Ela deve ser compreendida somente como um passo inicial, sendo recomendável, sobretudo, quando o alcoólatra está pondo em risco a própria vida ou a de outrem. Mostra-se importante, também, que o indivíduo nessas condições realize tratamentos psicológicos e alternativamente ingresse em AA, faça psicanálise e, por meio de uso sucessivo do 'chum', possa diminuir sua organização patológica de estreiteza mental, seu masoquismo mortífero e seus anseios psicorreligiosos de tornar-se um deus, negando-se humano. Paralelamente ao trabalho psicanalítico pode ser conveniente lançar mão de um suplemento medicamentoso criterioso e supervisionado atentamente, com uso de antidepressivos e ansiolíticos, procurando evitar medicamentos com tarja preta, em especial, os benzodiazepínicos.

Apêndice II

Depoimentos de *idealcoolistas* em tratamento (recuperação)

O idealcoolismo *como um estado mental e o mal-estar na cultura*

- Os atuais geniais filhos de Goebbels ficam na TV com suas propagandas do álcool-maravilha, fazendo a cabeça dos incautos, para que eles se embriaguem, deem lucro alto e fiquem num estado de louca submissão.
- Porque Deus não me fez rico e famoso como o Pelé e o Caetano Veloso.
- Como alcoólatra, eu ia aos lugares onde tinham bebidas expostas ou não expostas. O importante era beber, mas preferia ir sempre aos lugares de bebidas expostas, meus bares queridos, pois também era importante, para mim, beber sabendo que tinha o álcool à mão, rodeado dessa beleza toda.

- Tem certas situações na vida em que você, como ser social, tem que beber para poder passar por cima das suas próprias cagadas, diante das exigências de boa aparência que os outros lhe fazem.
- *Como é difícil, para mim, nessa sociedade, eu ser apenas mais um! Eu era dez e precisava aparentar mil, vocês já imaginaram quanta manguaça eu precisava para isso e, como professor, eu pensava:* não existe, das sobrancelhas para cima, nenhum movimento ou ação de qualquer um. A cabeça não se mexe, a sobrancelha não se mexe e nem o couro cabeludo se mexe, como se mexem as ideias. *Intelectualização é pura besteira, é pura masturbação. Não adianta só eu beber para ficar nesse estado, só para ser intelectual.*
- *Eu, alcoólatra, era como um verdadeiro camponês. Todo camponês é místico, porque depende muito do sol e da chuva para viver. Para ele, o Poder Superior é o seu deus, é a chuva e o sol, de quem ele depende completamente. Minha mística era o álcool.*
- *Eu era tão narcisista, que me imaginava passando, passando, passando e a turma ia aplaudindo, jogando chapéu para cima e pétalas de rosa para o grande cara que eu era! Eu queria estar sempre assim. Eu era esse bêbado daí.*
- *Toda vez que a minha cabeça deu corda para os outros fiquei num estado deplorável e acabei bebendo. Hoje em dia, não quero mais saber de dar corda! Não quero saber de dar corda nem em brinquedo de criança.*

IDEALCOOLISMO: UM OLHAR PSICANALÍTICO SOBRE O ALCOOLISMO   271

- *Vi na revista* Veja *que o Maluf tem 5 milhões de dólares em vinho. Que loucura. Já pensou? Já pensou, eu alcoólatra com todo esse vinho em casa?*
- Sinto-me meio mendigo, como se diz por aí. Não sei há quantos dias não tomo banho e gosto de estar jogado aos pés da pinga no meu luxuoso quarto.
- *É uma tremenda pressão para eu ter status e poder, mas, para isso, precisaria daquele cascalho no bolso e o álcool era o cascalho na cuca que me tirava dessa pressão.*

O idealcoolismo como uma religião degradada: a religião do alcoólatra; o deus álcool, corpo incorporal – substância ideal

- *O que conta não é a dificuldade em converter um infiel qualquer, mas a dificuldade é conhecer um cara fiel do álcool, que esteja disposto a abandonar a sua crença.*
- *O álcool sempre me deu sensações de bem-estar sem limites, uma força descomunal e conhecimentos absolutos.*
- *Meu Deus com o álcool era assim: dEUs. Com um 'd' pequenininho, um 'EU' bem grandão e um 'essezinho'.*
- *Com o álcool, eu me tornava um deus, tudo podia e tudo sabia.*
- *A bebida me quebrou um grande galho, eu não sabia o que fazer comigo. Estava numa situação complexa, era tudo muito difícil. Tomei a primeira e ficou tudo fácil. Como é*

que eu ia facilmente largar essa coisa divina, que tudo me dava?

- A minha vontade de beber o álcool é muito louca: ela é como a vontade de beber, pular de uma ponte e sair voando. Seria impossível?
- Eu tenho catarálcool, aquela doença dos olhos que me faz tomar uma e ver o mundo todo cor-de-rosa.
- Eu achava que ficava mais alta, que ficava uma loiraça de olhos azuis e que ainda ficava mais maravilhosa com a bebida. Com o álcool, eu ficava segura e exuberante.
- O álcool é o deus, a luz e o único sentido da vida do alcoólatra.
- Eu vou ao meu psicanalista quase todo dia, para que as minhas minhocas do Norte, fiquem ao Norte; as do Sul, no Sul; as do Leste, no Leste e as do Oeste, no Oeste. Originalmente, eu bebia sem parar, porque as minhas minhocas ficam todas embaralhadas dentro da cabeça.

As práticas religiosas e o álcool podem se misturar e derivar para medidas paliativas contra a angústia da condição humana; alcoolismo e desumanização

- Meu medo da morte sempre foi grande demais, e eu tinha a bebida como o meu néctar dos deuses. Achava que, bebendo, eu virava um deus imortal. Isso é normal?

- O meu Poder Superior, de vez em quando, me dá um tapa na cabeça e diz: vamos, Pinguela, acorda! Acorda, cara! Fica comigo! Para de beber!
- Ou o cara dobra as pernas, ajoelha e reza ou o cara bebe. Preferi dobrar as pernas e rezar.
- Quando eu apelo para este Deus, que agora eu encontrei fora de mim, Ele vem, encontra e amplia aquela força que existe dentro de mim, porque, só com a minha força, não sou capaz de me defender contra o álcool.
- É uma verdadeira loucura, uma loucura mesmo, viver sem o álcool.
- Enquanto eu usava o álcool para algumas coisas, tudo ia bem, mas, quando eu passei a acreditar no álcool para enfrentar todos os acontecimentos, a coisa ficou preta e feia.
- Eu me oferecia nos bares através do álcool, e participava do culto do gozo em coito. Isso funcionava, para mim, como se eu fosse um deus e essa era a única sensação de alívio e prazer que eu tinha na vida.
- O álcool era, para mim, a felicidade absoluta engarrafada, e que tal eu agradecer a Deus por ainda estar andando, apesar de toda minha crença no álcool?
- Tem pessoas, inclusive eu, que se tornaram alcoólatras porque não tinham outro jeito para aliviar o seu sofrimento e obter consolo.
- A doença do alcoolismo é a doença da ignorância. A ignorância de não saber viver. Ou o cara se torna

alcoólatra ou crente, senão o cara passa pela vida sofrendo, sem viver.

A importância do masoquismo erógeno como a principal fonte geradora do idealcoolismo

- O que caracteriza a doença do alcoolismo é a total falta de controle em relação ao álcool e, se eu começo a beber, nada mais me importa, não paro mais! Interessante perceber a tamanha importância que o álcool adquiriu em minha vida. O álcool era mais importante que tudo: mais importante que família, dinheiro, profissão ou qualquer coisa que fosse. Custei muito para perceber isso.
- Eu não gosto de sexo como eu pensava que gostava. O que eu quero é aumentar a excitação e, para levantar a bola, eu trepo ou, o que é melhor, eu bebo.
- Quero ficar no outro mundo, pois, quando bebo umas, bate em mim uma euforia gostosa, que começa na ponta dos dedos, sobe braço acima e estoura na cabeça. É divino, maravilhoso, é uma coisa do outro mundo, é bem ótimo!
- Eu me achava um zero à esquerda e sempre me colocava no fim da fila. Para me sentir melhor e subir um degrau na fila, eu precisava beber. Eu era um zero alcoólatra com mais sofrimentos.

- Meu projeto de alcoólatra era ser mendigo. Já tinha tudo bolado: ia morar na rua, de preferência debaixo de um viaduto, próximo do Mercado Central, ia comer as frutas e os legumes que eles jogassem fora e, qualquer esmola que entrasse, era lucro. Nem isso eu consegui.
- Vamos sair da realidade? Vamos! Vamos não crescer? Vamos! Então, vamos beber? Vamos! Então, vamos sofrer. Vamos!
- A felicidade vira muita agitação na minha cabeça e aí eu preciso do álcool para dar mais agitação.
- Eu queria um gozo permanente com a bebida, pois bebia, bebia, até o gozo sair pelo umbigo.
- Eu estava naquela roda maldita, em que eu bebia, bebia, bebia e desmaiava. Acordava, bebia, bebia e desmaiava. Eu me apagava bêbada e depois usava o álcool para me acender e tornar a me apagar. Quanto sofrimento.
- A doença do alcoolismo leva o sujeito, com gosto, até lá p'ro fundo do boteco e nos ensina a maltratar até quem a gente gosta.

O alcoolismo como refúgio da condição humana no abrigo idealizado da organização patológica, alimentada pelos efeitos psicossomáticos do álcool

- Alcoolismo é a única doença do mundo em que o cara quer ficar ainda mais doente. Se a pessoa fica doente, sai correndo para o médico, e eu saía correndo para o bar. Lá, eu ficava protegido e ainda mais doente!

- Eu andava com a vodca comigo por todo lado, para não sofrer. Eu a colocava no meu guarda-roupa, na minha bolsa ou debaixo da cama. O álcool era meu namorado, minha mãe, meus filhos. A garrafa era a minha dona e o litro de vodca, o meu deus. Eu era inteiramente dominada pela vodca, e sabe no que deu? Lá fui eu parar na psiquiatria do HC.
- Angústia é um mal-estar generalizado. É quando, se o cara está sentado, está ruim; quando o cara se levanta, está ruim; quando o cara se deita, está ruim. A merda toda é que tomando uma ou duas doses de uísque, lá ia eu! Vamos embora! Tudo passava. E eu acostumei com isso.
- O álcool me resolve: eu bebo para não me sentir contrariada com nada.
- Alcoolizada eu me sinto segura e exuberante.
- Como alcoólatra, eu batia carro, era preso, mas, pensando bem, não sentia nada, nem as consequências. Vivia sempre a salvo, bêbado.
- Eu queria abraçar o mundo e bebia, porque parecia que eu estava abraçando o outro mundo, um mundo sem limites, angústia ou culpa.
- Formamos, inicialmente, uma parceria maravilhosa: eu, com as minhas inseguranças, medo e o álcool, que me tornava uma pessoa peituda, valente e desinibida.

- O álcool era o meu exílio da vida; eu não podia viver sem esse exílio.
- Minha filha nasceu. Foi para a UTI e eu fui para o bar.

O idealcoolismo e *sua afinidade com uma relação perturbada mãe/bebê*

- *Se ninguém me aguenta, minha futura mulher também não vai me aguentar. Vai me dar um pé na bunda e aí, como é que o Pinguela vai fazer? Vai voltar para a Bahia, para a mãe que tem 84 anos? Sim, só ela gosta de mim!*
- *Como muitos, sou um cidadão que detesta sua mãe abusada.*
- *Minha mãe é a culpada. Foi ela que criou todo este designer fodido, que sou eu. Mãe é uma merda, gruda e não solta mais. Moro em um apartamento de cobertura, minha mãe veio de Belo Horizonte, ficou em casa, um, dois, três, mil dias. Ela não se manca, não muda e ainda diz que sou eu quem tem que me mudar parando de beber.*
- *É mamãezada e papaizada... só sei que tenho necessidade em falar disso: de que me falta um pai e uma mãe com quem eu possa contar. Meu pai só passa em casa para pegar uns trintinha; não é meu amigo. E minha mãe... bom... minha mãe eu já tive vontade de me matar na frente dela, só para me livrar dela.*
- *O pequeno moleque, mijando à distância, disse que ele estava medindo o futuro túmulo da mãe. Este molequinho era eu.*

- *Para que o doente alcoólatra se livre do álcool, convém que ele saia da sua síndrome de colo da mamãe.*

- *Minha busca para receber atenção e carinho da minha mãe sempre foi tão desesperada, que eu, já adulto, achava que ela estava dentro da garrafa e bebia tudão.*

- *A minha mãe, de 74 anos, fala comigo como se eu fosse uma criancinha. Vejam bem, essa aí é a minha fábrica, foi essa aí quem me fabricou. Eu só poderia ter nascido com algum defeito de fabricação.*

- *Minha mãe sempre me disse:* você, filhinho meu, é a flor que o besouro enrola. *Depois de muitos anos, vendo um documentário na TV, descobri que o besouro não enrola flores, e sim merda.*

- *Eu achava que o grande problema era o álcool e que, se eu parasse de beber, estava tudo resolvido. Parei de beber e descobri, então, que o meu problema era o útero da mãe, e não o álcool.*

Rancor, ressentimento e vingança: traços psicológicos característicos do alcoolismo

- A minha matéria-prima, chamada ressentimentos, é muito grande e difícil de eu lidar. Com ela me atormentando, só mesmo pondo álcool na minha cabeça! Tem um monstro alcoólatra dentro de mim, que fica me assombrando com fantasmas de vingança. Não dá sossego!

- Eu tomo o primeiro gole e logo vem, dentro da minha cabeça, a outra camarada alcoólatra que detona o resto, briga e xinga. Eu ainda não posso ser contrariada, pois tenho vontade não de chutar, mas, só de raiva, tenho vontade de beber e chutar o pau da barraca.
- Adorava a minha natureza raivosa, orgulhosa e vingativa de alcoólatra.
- Eu me sentia tão magoado, que massacrava as pessoas com o álcool.
- Não traz a mulher aqui, porque, com meu alcoolismo, eu me vingo e ponho fogo nela!
- E ainda tem essa de que, quando eu fico com raiva, eu vou me vingar bebendo. Meu Deus! Absolutamente, eu sei que é isso que eu não quero, tenho certeza absoluta. Mas não consigo.
- Daí, esta noite eu fui dormir de fogo, e acordei... é impressionante! Imagina... acordei de ressaca pensando em vinganças contra meio mundo e sabem o que eu fiz? Fui beber no boteco mais próximo.
- Eu bebo para ficar doidão e vou detonando tudo, porque não quero participar deste mundo de merda!
- Acho que eu posso correr atrás do dinheiro movido pelo amor, e não pelo ódio, como eu sempre fiz na minha vida alcoólatra.

O conceito de choque de humanidade ('chum') e o tratamento do alcoólatra

- O alcoólatra, enquanto tiver um encosto, dificilmente para de beber. Ele, para parar de beber, tem que estar bebendo enxofre, frente a frente com o diabo. É só o caos que faz ele parar de beber; senão, não para!
- Eu tenho uma inabilidade completa para a vida e descobri que é só sofrendo, ao se enxergar quem, é que se afia o bico para parar de beber e viver.
- Perigo! Um pequeno desvio na sua consciência crítica pode levar o indivíduo a esquecer o ser humano que ele é, e beber.
- Eu me afastei da vida e de mim mesmo. Só me aproximava do álcool e vivia como alcoólatra. Tinha perdido a identidade. Foi preciso minha mulher me dar cartão vermelho para eu começar a acordar.
- Viver sem álcool e ainda por cima ter de me enxergar, ter de enxergar a minha realidade de não saber direito quem eu sou é barra-pesada!
- Se eu morrer, eu bebo! Isto sim, é que é ser alcoólatra, que diz isso ao invés de se dizer àquilo que realmente acontece: se eu beber, eu morro mesmo.
- Ele morreu, pois o fígado dele foi dissolvido em álcool. É mais uma história para eu acionar o meu arquivo mental, ficar esperto e não beber mais, só por hoje.

- Eu fui me refugiar no álcool, para fugir daquele estresse da minha insegurança, e foi só quando eu tive uma falência múltipla dos meus órgãos – mental, moral, financeiro e familiar – que eu consegui parar de beber. Fizeram-me compreender que eu, me enxergando colado no espelho, podia estar olhando para o meu real problema: parei de ser alcoólatra.
- O problema não sou eu, mas também não são os outros e nem é o álcool. O problema é o Pinguela com o álcool. Só parei de beber depois que tive uma recaída violenta: tomei meio litro de Zulu e acordei no hospital. Achava que estava tudo bem, mas só quase morrendo no hospital pude perceber que a minha vida estava num inferno.

A *questão da nomenclatura: só alcoolismo é suficiente?*

- Não dá para ser anônimo, sendo alcoólatra. O alcoólatra está escancarado para quem quiser ver, todo mundo sabe que ele é alcoólatra, e ele acha que ninguém sabe. Já o alcoólico dá para ser anônimo, pois ele participa do gênero humano como todo mundo.
- O alcoólatra é o alcoólico na ativa, e o alcoólico é o alcoólatra sábio. O que interessa, para mim, como alcoólico, é contrariar a minha natureza alcoólatra.

- Uma vez alcoólatra, sempre alcoólatra? Não, no meu caso, isto não vale, pois sou um ex-alcoólatra e ex--idealcoolista. Sou, agora, um alcoólico que vive feliz.
- Toda vez que se aceita o que é, o que é não é mais. O camarada que é alcoólatra, no momento que aceita que é alcoólatra, deixa de ser, não é mais alcoólatra, e pode passar a ser alcoólico.
- A letra do hino nacional do alcoólico começa por evitar o primeiro gole. Quando eu penso em só beber uma, não consigo. Após uma, vêm todas. Por isso, me transformo em alcoólatra, toda vez que esqueço a letra desse meu hino nacional.
- Interessante o anonimato do alcoólatra! Um alcoólatra com suas bebedeiras pode destruir um quarteirão inteiro: pode destruir o pároco, o delegado, o médico da família, a quitanda etc. Como um bêbado pode ser anônimo?
- Minha situação está virando e eu estou conseguindo deixar de ser alcoólatra para ser alcoólico. Tenho a certeza que, com um pouco da minha boa vontade e com a misericórdia de Deus, irei conseguir parar de beber.
- O alcoólico até incomoda mais as pessoas do que o alcoólatra, porque as pessoas paradas de beber não podem ser mandadas e mandadas embora; o alcoólatra, sim. Eu não vou deixar de ser alcoólica nunca! Posso até deixar de ser comilona e milhões de outras coisas, mas deixar de ser alcoólica, nunca! Não quero voltar a ser alcoólatra. Nem imaginar!

Impresso por:

Gráfica e editora

Tel: (11) 2769-9056